Die Begrenzung von Verlustrisiken bei der Aktienanlage

Moderne Portfolio Insurance-Konzepte auf dem Prüfstand

von

Jörg Prokop

Tectum Verlag
Marburg 2002

Die Deutsche Bibliothek - CIP-Einheitsaufnahme

Prokop, Jörg:
Die Begrenzung von Verlustrisiken bei der Aktienanlage.
Moderne Portfolio Insurance-Konzepte auf dem Prüfstand.
/ von Jörg Prokop
- Marburg : Tectum Verlag, 2002
ISBN 3-8288-8440-7

Tectum Verlag
Marburg 2002

Inhaltsverzeichnis

IV

Abbildungsverzeichnis

Abkürzungs- und Symbolverzeichnis

Δt	Revisionsintervall
π	Pi
σ	Standardabweichung
a	Konstante
Anm. d. Verf.	Anmerkung des Verfassers
ARCH	Autoregressive Conditional Heteroscedasticity
B/S	Black/Scholes
B/V	Boyle/Vorst
bzw.	beziehungsweise
C	Wert einer Call-Option; auch: Cushion
CPPI	Constant Proportion Portfolio Insurance
DAFOX	Deutscher Aktien-Performanceindex
DAX	Deutscher Aktienindex
DJ	Dow Jones
e	Eulersche Zahl
E	Exposure
E()	Erwartungswert
f	folgende (Seite)
ff	folgende (Seiten)
F	Floor
FN	Fußnote
GE	Geldeinheiten
h	bedingte Varianz der Renditen
HARA	Hyperbolic Absolute Risk Aversion
i.a.	im allgemeinen
i.d.R.	in der Regel
insbes.	insbesondere
k	„Round-Trip" Transaktionskosten
LPM	Lower Partial Moments
LPM_0	Ausfallrisiko
LPM_1	mittleres Ausfallrisiko
LPM_2	Ausfall- / Semivarianz
M	Multiplikator

MSL	Modified Stop-Loss
n	Anzahl der Perioden
$N()$	kumulative Standardnormalverteilung
OTC	Over-The-Counter
P	Wert einer Put-Option
PI	Portfolio Insurance
q	Anzahl der vergangenen Renditen im ARCH-Modell
r, R	Rendite
REX	Deutscher Rentenindex
r_f	risikofreier Zins
S	Wert der riskanten Anlage; auch: Seite
SL	Stop-Loss
t	(bisherige) Laufzeit
t^*	Gesamtlaufzeit
T	Restlaufzeit
TIPP	Time Invariant Portfolio Protection
u	Zufallsvariable
u.a.	unter anderem
V	Vermögen
vgl.	vergleiche
W	Vermögen
w_A	Anteil der riskanten Anlage am Portfolio
w_B	Anteil der risikofreien Anlage am Portfolio
x	individueller Risikoparameter
X	Basispreis
z.B.	zum Beispiel

„Run with your winners, cut your losses."[1]

1 Einleitung

1.1 Problemstellung

Gegenstand dieser Arbeit ist die Beschäftigung mit den Möglichkeiten und Grenzen eines Anlagekonzepts, dessen oberstes Ziel darin besteht, die oben wiedergegebene „Börsenweisheit" auch im praktischen Portfolio Management Realität werden zu lassen. Unter dem Begriff „Portfolio Insurance" wurde dieses direkt der akademischen Forschung entwachsene Konzept Ende der 70er Jahre an den Finanzmärkten bekannt und erfreute sich insbesondere während der 80er Jahre, ob der von ihm gebotenen Möglichkeiten, vor allem unter institutionellen Investoren großer Beliebtheit.[2]

Während die Beschäftigung mit der Portfolio Insurance in der angloamerikanischen Literatur mittlerweile einen beachtlichen Raum einnimmt, wurde ihr im deutschsprachigen Bereich relativ wenig Aufmerksamkeit geschenkt. Die vorliegende Arbeit will versuchen, mittels der ausführlichen Vorstellung und Diskussion verschiedener Strategien der Portfolio Insurance, diese Lücke zu schließen. Inhaltlicher Leitgedanke soll hierbei stets, wie erwähnt, die Beschäftigung mit den Möglichkeiten und Grenzen dieses Konzepts sein.

1.2 Gang der Untersuchung

Nach einer kurzen Einleitung im ersten Kapitel werden im zweiten Abschnitt zunächst die zum Verständnis des Instrumentariums der Portfolio Insurance notwendigen theoretischen Grundlagen gelegt, wobei das Hauptaugenmerk auf der Beschäftigung mit dem hinter diesem Konzept stehenden Risikoverständnis liegen soll. Das dritte Kapitel baut dann auf den zuvor entwickelten Gedankengängen auf und dient der ausführlichen Darstellung von Theorie und insbesondere Methodik verschiedener Strategien der Portfolio Insurance. In diesem Teil der Arbeit soll in erster Linie die Präsentation der zahlreichen Möglichkeiten der Umsetzung des Portfolio Insurance-Gedankens im Vordergrund stehen. Insbesondere werden die im einzelnen vorgestellten Ansätze anhand verschiedener Kriterien systematisiert und voneinander abgegrenzt. Des weiteren sollen – soweit die theoretischen Betrachtungen der ersten beiden Kapitel dies bereits erlauben – auch erste Rückschlüsse auf eventuelle Grenzen der jeweiligen Ansätze im praktischen Einsatz gezogen werden.

---

[1] Vgl. Leland, 1980, S. 582.
[2] Vgl. Leland, 1992, S. 154.

Das Kapitel 4 bildet zusammen mit dem vorangehenden den Schwerpunkt der Arbeit und nähert sich der Portfolio Insurance von empirischer Seite. Hier steht nun stärker als zuvor die Beantwortung der Frage nach Stärken und insbesondere Schwächen der einzelnen, in Kapitel 3 vorgestellten Strategien im Mittelpunkt. Zu diesem Zweck wird zuerst ein Überblick über verschiedene existierende Studien zur Performance von Portfolio Insurance-Strategien gegeben. Im Anschluß wird dann eine eigene, in Form einer Monte Carlo-Simulation konzipierte Untersuchung vorgestellt, die neben der in der Literatur üblichen Annahme (annähernd) normalverteilter Wertpapierrenditen auch den als realistischer (und damit aussagekräftiger) vermuteten Fall auf Basis eines ARCH-Modells generierter Renditen berücksichtigt. Die Ergebnisse dieser Simulationen werden für verschiedene Parameterkombinationen miteinander verglichen und insbesondere anhand der noch näher zu präzisierenden Kriterien „zu erwartende Rendite", „Qualität der Absicherung" und „Sensitivität" beurteilt. Den Abschluß bildet das fünfte Kapitel mit einem kurzen Resümee der wesentlichen Ergebnisse dieser Arbeit sowie einer Zusammenstellung interessanter weiterführender Fragestellungen und potentieller Entwicklungsmöglichkeiten (und - grenzen) im Bereich der Portfolio Insurance.

2 Theoretische Grundlagen

2.1 Risiko und Risikoreduktion

2.1.1 Der Risikobegriff in der Portfoliotheorie

Vor mittlerweile 47 Jahren veröffentlichte Harry Markowitz seinen wegweisenden Artikel „Portfolio Selection"[4], der den Ausgangspunkt der heutigen, sogenannten modernen Portfoliotheorie markierte. In ihm löste er sich von der bis zu diesem Zeitpunkt dominierenden, rein renditeorientierten Betrachtung von Kapitalanlagen und identifizierte das mit einem Investment verbundene Risiko als zweites wesentliches Beurteilungskriterium. Als Ausdruck zur Messung eben dieses Risikos wählte er die statistische Varianz der beobachteten Renditen des Investments[5], und definierte somit, wie in Abbildung 1 angedeutet, „Risiko" als die Streuung der beobachteten Renditen um ihren Erwartungswert (E).

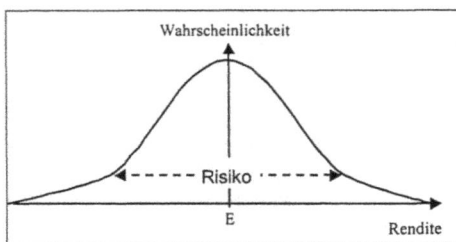

Abbildung 1: Traditionelles Risikoverständnis[6]

Dieses von Markowitz – und im übrigen auch vielen seiner Nachfolger – zugrundegelegte symmetrische Risikoverständnis bewertet positive und negative Abweichungen der Renditen von ihrem Erwartungswert gleich. „Die Möglichkeit, den Durchschnittsertrag zu übertreffen, wird ebenso als Risiko aufgefaßt wie die Möglichkeit, ihn zu unterschreiten."[7] Einem Anleger, dessen Risikoverständnis durch das obige Modell widergespiegelt wird, stehen verschiedene Mittel zur Verfügung, die Risikostruktur seines Portefeuilles zu steuern. So hat zum Beispiel Markowitz gezeigt, daß sich die unsystematische Komponente[8] des Risikos unter bestimmten

---

[3] James Tobin, zitiert nach Krugman/Obstfeld, 1997, S. 652.
[4] Vgl. Markowitz, 1952.
[5] Vgl. Markowitz, 1952, S. 77.
[6] Vgl. Bookstaber, 1985, S. 37.
[7] Matthes/Klein, 1996, S. 743.
[8] Bei dem unsystematischen Risiko handelt es sich um ein einzelwirtschaftliches Risiko, das lediglich mit titelspezifischen Ereignissen zusammenhängt (z.B. Produktionsausfälle infolge eines Streiks). Dem gegenüber steht das systematische Risiko, dem alle Titel einer bestimmten Anlagekategorie ausgesetzt sind (z.B. politische Unruhen). Beide Faktoren zusammen determinieren das Gesamtrisiko einer Anlage. Vgl. Steiner/Bruns, 1996, S. 55 f.

Voraussetzungen[9] auf dem Wege der Diversifikation minimieren und im Idealfall sogar vollständig vermeiden läßt.[10] Das Ergebnis könnte die in Abbildung 2 gezeigte Verringerung des Gesamtrisikos bei konstantem Erwartungswert der Renditen sein.

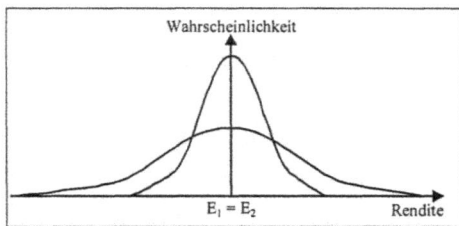

Abbildung 2: Risikoreduktion durch Diversifikation

Eine weitere Möglichkeit zur Gestaltung des Risikoprofils eines Portfolios besteht im Ausnutzen des Zusammenhangs (oder genauer: des Trade-Off) zwischen Risiko und erwarteter Rendite einer Anlage. So könnte ein Anleger beispielsweise sein Kapital aus eher risikoreichen (z.B. Aktien) in weitgehend sichere Anlagen (z.B. Renten) umschichten. Das Ergebnis wäre ein Portfolio mit geringerer Varianz, aber gleichzeitig auch geringerem Renditeerwartungswert, wie exemplarisch in Abbildung 3 dargestellt.

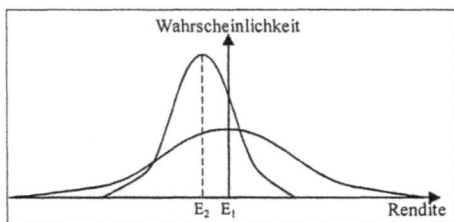

Abbildung 3: Trade-Off zwischen Rendite und Risiko[11]

2.1.2 Ein alternatives Risikoverständnis

Der wohl größte Vorteil des im vorigen Absatz skizzierten, „traditionellen" Risikobegriffs liegt in der Einfachheit seiner Handhabung. Die Definition des Risikos als Abweichung von einem Punktwert eröffnet dem Anleger die Möglichkeit, sich das aus der Statistik bekannte Konzept von Erwartungswert und Varianz nutzbar zu machen und, mit Hilfe einer Vielzahl hochentwickelter

---

[9] Markowitz betont insbesondere die Bedeutung der Kovarianzen der im Portfolio enthaltenen Titel als ausschlaggebend für den Erfolg der Diversifikation. Vgl. Markowitz, 1952, S. 89.
[10] Vgl. Markowitz, 1952. Wenn im folgenden der Begriff „Portfolio" gebraucht wird, so soll hiermit stets ein breit diversifiziertes (d.h. eines ohne unsystematisches Risiko) gemeint sein.
[11] Vgl. ähnlich Bossert/Burzin, 1998, S. 218.

mathematischer Werkzeuge[12], seine individuell nutzenoptimalen Portfolios analytisch eindeutig zu bestimmen.

Angesichts der in der Realität beobachtbaren Heterogenität der an den Finanzmärkten auftretenden Akteure stellt sich allerdings die Frage, inwiefern das oben dargelegte Risikoverständnis tatsächlich dem eines „typischen" Anlegers entspricht. Empirische Studien deuten darauf hin, daß eine Charakterisierung des durchschnittlichen Anlegers als risikoavers[13] durchaus als zutreffend bezeichnet werden kann.[14] Daß sich diese Aversion jedoch sowohl gegen die Wahrscheinlichkeit eines Verlustes als auch gegen die eines Gewinnes richtet, darf bei genauer Betrachtung wohl eher bezweifelt werden. Intuitiv würde ein Anleger vermutlich nur die Gefahr eines Verlustes als Risiko und das Gewinnpotential in erster Linie als Chance auffassen. Ein in diesem Sinne risikoaverser Anleger wäre somit bestrebt, die Gefahr eines Vermögensverlustes zu vermeiden, stünde eventuellen Zuwächsen jedoch durchaus aufgeschlossen gegenüber. Die von ihm präferierte Renditeverteilung seines Portfolios hätte somit eine asymmetrische Struktur, wie sie beispielhaft in Abbildung 4 dargestellt ist.

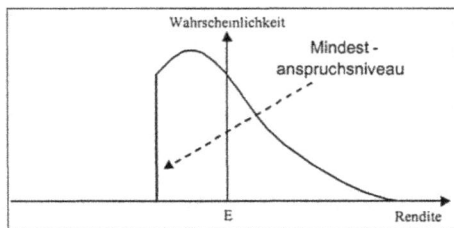

Abbildung 4: Asymmetrische Renditeverteilung[15]

Will man nun die Risikoneigung eines solchen Anlegers noch näher analysieren, so macht es Sinn, sich ein Bild von der Entwicklung des Grades seiner Risikoaversion in Abhängigkeit von der Höhe seines Vermögens zu machen.[16] Angenommen, der Anleger verfüge über ein Vermögen von $10.000, von denen $5.000 risikoreich (z.B. in Aktien) investiert seien. Des weiteren steige sein Vermögen unvermittelt auf $20.000. Die Frage ist nun, ob und inwieweit der Anleger die Zusammensetzung seines Portfolios mit zunehmendem Vermögen verändern, d.h. genauer, ob er

---

[12] Zu denken sei beispielsweise an die Methode der Quadratischen Programmierung.
[13] Risikoavers bedeutet in diesem Kontext, daß der Anleger aus zwei Anlagen mit dem gleichen erwarteten Ertrag diejenige mit dem geringeren Risiko auswählen würde (bzw. aus zwei Anlagen mit gleichem Risiko die mit dem höheren erwarteten Ertrag). Vgl. Elton/Gruber, 1995, S. 215.
[14] Dies trifft insbesondere auf deutsche Anleger zu. So geht beispielsweise aus einer Allensbach-Studie zur privaten Altersvorsorge aus dem Jahre 1996 hervor, daß für 74% die Sicherheit einer Anlage von größerer Wichtigkeit ist als die Rentabilität. Vgl. Bossert/Burzin, 1998, S. 219.
[15] Vgl. Bookstaber, 1985, S. 37.
[16] Vgl. hierzu und zum folgenden Beispiel Elton/Gruber, 1995, S. 216 ff.

jetzt weniger als $5.000, genau $5.000 oder mehr als $5.000 in das risikobehaftete Asset investieren würde. Abhängig hiervon könnte man seine Risikoaversion als zunehmend, konstant oder abnehmend charakterisieren. Da in diesem Beispiel von absoluten Werten ausgegangen wurde, spricht man auch von der absoluten Risikoaversion eines Anlegers. Analog dazu läßt sich auch dessen relative Risikoaversion bestimmen, indem man die Veränderung der prozentualen Anteile des risikoreichen Assets am Gesamtportfolio betrachtet.[17] Die resultierenden Nutzenfunktionen lassen sich der Familie der sogenannten HARA (Hyperbolic Absolute Risk Aversion) Funktionen zuordnen.[18]

Welche dieser Formen der Risikoaversion aber kann als angemessene Beschreibung des „typischen" Anlegers bezeichnet werden? Empirische Studien deuten darauf hin, daß ein Großteil der Anleger eine abnehmende oder zumindest konstante relative Risikoaversion aufweist, was gleichzeitig eine abnehmende absolute Risikoaversion impliziert.[19] Derartige Anleger investieren also bei zunehmendem Vermögen verstärkt in das risikobehaftete Asset und entziehen diesem bei abnehmendem Vermögen wieder Teile des Kapitals. Eine solche Vorgehensweise führt dazu, daß unterhalb eines bestimmten, als kritisch zu bezeichnenden Betrags das gesamte Vermögen risikolos investiert wäre und somit eine sichere Rendite in Höhe des risikofreien Zinses erbrächte. Das Ergebnis dieser Strategie wäre ein Portfolio, dessen Wertentwicklung wesentlich von der Entwicklung des risikoreichen Assets beeinflußt wird. Bei steigendem Markt (d.h. Kursgewinnen des Risikoassets) steigt auch der Gewinn in Abhängigkeit vom Anteil des risikoreichen Engagements am Gesamtportfolio. Bei fallendem Markt nimmt das Engagement in Risikoassets ab und erreicht bei einem bestimmten Marktniveau den Wert Null, d.h. es treten keine weiteren Wertverluste des Portfolios mehr auf. Der Anwender einer solchen Strategie handelt also prozyklisch, d.h. er kauft bei steigenden und verkauft bei fallenden Kursen. Das resultierende Auszahlungsprofil hätte die in Abbildung 5 gezeigte, konvexe Form.

---

[17] Vgl. Elton/Gruber, 1995, S. 218 f.
[18] Vgl. Merton, 1971, S. 389 sowie Brennan/Solanki,1981, S. 292 ff.
[19] Vgl. Elton/Gruber, 1995, S. 221 sowie Benninga/Blume, 1985, S. 1346.

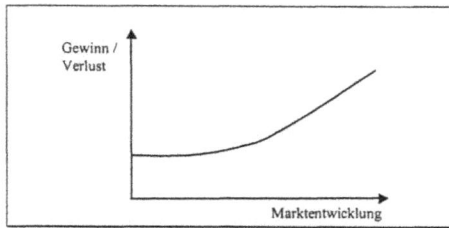

Abbildung 5: Konvexes Auszahlungsprofil[20]

2.2 Zum Begriff der Portfolio Insurance

Im vorangegangenen Abschnitt wurde ein von der Markowitz'schen Sichtweise abweichender Risikobegriff eingeführt. Dieser definierte das Risiko einer Anlage als die Gefahr, daß ihr Wert ein bestimmtes Mindestanspruchsniveau unterschreitet. Es wurde gezeigt, daß Anleger mit einem derartigen Risikoverständnis und abnehmender Risikoaversion bestrebt sein werden, Portfolios mit konvexen Auszahlungsprofilen zu konstruieren. An diesem Punkt setzt das Instrument der sogenannten Portfolio Insurance, dessen Diskussion im folgenden im Mittelpunkt stehen soll, an.

Die Portfolio Insurance zählt neben dem Portfoliohandel und der Indexarbitrage zu den Erscheinungsformen des sogenannten Programmhandels.[21] Dessen wesentliche Eigenschaften sind zum einen der Handel mit kompletten (meist Aktien-) Portfolios, statt des Kaufs und Verkaufs von Einzelwerten[22], und zum anderen die Durchführung dieser Transaktionen auf Basis eines zuvor festgelegten Plans, eines Programms. Im Rahmen eines solchen Programms erfolgt der Handel reaktiv und automatisiert, ausgelöst lediglich durch bestimmte Kursentwicklungen an den Kassa- oder Terminmärkten.[23] Es handelt sich also insofern nicht um eine aktive Managementstrategie. Zur Durchführung der Transaktionen werden in aller Regel Computer eingesetzt, wobei dies jedoch kein konstituierendes Merkmal des Programmhandels darstellt.[24]

Was genau ist nun die Grundidee der bereits mehrfach erwähnten (und für diese Arbeit namensgebenden) Portfolio Insurance? Diesbezüglich existieren in der Literatur zahlreiche Definitionen, von denen die meisten weitgehend dem intuitiven Begriffsverständnis entsprechen – nämlich der Absicherung eines Portfolios gegen einen (wie auch immer gearteten) ungünstigen Umweltzustand. So schreibt beispielsweise Leland: „Portfolio insurance describes hedging

---

[20] Vgl. Bossert/Burzin, 1998, S. 220.
[21] Vgl. Beilner/Schoess, 1990, S. 684 ff.
[22] Vgl. Beilner/Schoess, 1990, S. 684.
[23] Vgl. Hohmann, 1996, S. 1 f.
[24] Vgl. Hohmann, 1996, S. 1 sowie Stoll, 1988, S. 20.

strategies which protect portfolios of assets against losses."[25] Diese Idee der Verlustbegrenzung im Falle einer negativen Marktentwicklung (Downside Protection[26]) spiegelt jedoch nur eine Seite des Portfolio Insurance-Konzepts wider. Das andere wesentliche Merkmal der Portfolio Insurance besteht im (zumindest teilweisen) Aufrechterhalten der Möglichkeit, an einer eventuellen positiven Marktentwicklung teilzuhaben (Upside Participation[27]). Dementsprechend definiert Marshall: „Portfolio insurance is an asset allocation method that limits the downside risk of a portfolio – the risk that performance will fall short of a minimally acceptable target – without sacrificing the potential to participate in superior market performance."[28] Ähnliche Definitionen finden sich beispielsweise bei Grossman[29], Kritzman[30] oder Rubinstein[31].

Worin besteht nun aber der Unterschied zwischen einer Versicherung im herkömmlichen Sinne und der Absicherung eines Portfolios mit Hilfe der Portfolio Insurance? Zum einen können bei einer gewöhnlichen (z.B. Lebens- oder Feuer-) Versicherung die bei einem Versicherer „gepoolten" Risiken als statistisch (zumindest weitgehend) unabhängig betrachtet werden, so daß der Diversifikationseffekt das Gesamtrisiko des Versicherers überschaubar macht. Im Falle der Portfolio Insurance ist diese Unabhängigkeit nicht gegeben, da die Eigenschaften und Strukturen der abzusichernden Portfolios unterschiedlicher Anleger in aller Regel ähnlich sein werden. Tritt ein Schadensfall (Kurssturz) ein, so sind mit großer Wahrscheinlichkeit zahlreiche Anleger betroffen. Das „Risk-Pooling" eines „normalen" Versicherers allein reicht in dieser Situation voraussichtlich zum Auffangen aller auftretenden Forderungen nicht aus. Um eine ausreichende Liquidität gewährleisten zu können, ist vielmehr ein weitergehendes, aktives Risikomanagement seitens des Portfolio Insurance-Anbieters notwendig.[32]

Ein weiterer Unterschied zwischen einer gewöhnlichen Versicherung und der Portfolio Insurance besteht in der Existenz eines funktionierenden Marktes, auf dem die für eine Absicherung in Frage kommenden Titel nebst ihrer Risiken bewertet werden. Dies führt zu einer deutlich größeren Transparenz sowohl der Preisbildung als auch der Wertentwicklung des abgesicherten Portfolios. Da sich letztere der Kontrolle des Versicherten entzieht, ist die Portfolio Insurance – anders als die

---

[25] Leland, 1992, S. 154.
[26] Vgl. Steiner/Bruns, 1996, S. 325.
[27] Vgl. Steiner/Bruns, 1996, S. 325.
[28] Marshall, 1987, S. 115.
[29] Vgl. Grossman, 1988, S. 5.
[30] Vgl. Kritzman, 1986, S. 13.
[31] Vgl. Rubinstein, 1998, S. 245.
[32] Vgl. Leland, 1992, S. 154.

traditionelle Versicherung – nicht den Problemen der Adverse Selection und des Moral Hazard ausgesetzt.[33]

Daß sich der Einsatz von Portfolio Insurance-Strategien, wie eingangs bereits angedeutet, zur Generierung von Portfolios mit konvexen Auszahlungsprofilen eignet, unterstreichen Brennan und Schwartz: „Portfolio insurance is most conveniently defined as an investment strategy whose object is to ensure that the value of the funds under management is a convex function of the value of some underlying insured or reference portfolio. [...] A portfolio strategy that is designed to give a convex payoff function will require that units of the reference portfolio be sold after its price has declined and be bought after its price has risen."[34] Spätestens an dieser Stelle wird die Verbindung zwischen der Strategie des Anlegers mit abnehmender Risikoaversion aus dem vorigen Abschnitt und dem Konzept der Portfolio Insurance deutlich.

Welche unterschiedlichen Möglichkeiten der Implementierung von Portfolio Insurance dem Anleger grundsätzlich zur Verfügung stehen, ist Gegenstand des nächsten Abschnitts.

---

[33] Vgl. Brennan/Solanki, 1981, S. 279.
[34] Brennan/Schwartz, 1989, S. 455 f. Vgl. auch Leland, 1980, S. 584 f sowie Leland, 1992, S. 155.

3 Portfolio Insurance-Strategien

3.1 Systematisierung

Einem Anleger stehen mehrere alternative Verfahren zur Verfügung, mit deren Hilfe er das im vorangegangenen Abschnitt angesprochene konvexe Auszahlungsprofil eines Portfolios generieren kann. Eine Zusammenstellung der wichtigsten dieser Portfolio Insurance-Strategien findet sich in Abbildung 6, systematisiert nach den Kriterien „Dynamik" und „Pfadabhängigkeit".

		PFADUNABHÄNGIG	PFADABHÄNGIG
STATISCH		Protective Put Bond / Call	Stop-Loss
DYNAMISCH		Synthetischer Put	Modified Stop-Loss CPPI TIPP

Abbildung 6: Alternative Strategien der Portfolio Insurance

Als dynamisch sollen in diesem Zusammenhang Strategien verstanden werden, während deren Laufzeit es im Regelfall zu Anpassungen bzw. Umschichtungen der im Portfolio gehaltenen Assets kommt.[36] Diesen Strategien stehen statische Ansätze gegenüber, bei denen die ursprüngliche Zusammensetzung des Portfolios bis zum Ende der Laufzeit beibehalten wird. Allerdings muß an dieser Stelle betont werden, daß es sich bei dieser Unterscheidung nicht um eine trennscharfe handelt. So kann es beispielsweise bei der prinzipiell statischen Protective Put-Strategie durchaus zu zwischenzeitlichen Transaktionen kommen, falls aufgrund unterschiedlicher Laufzeiten von erworbenen Puts und verfolgter Strategie ein „Roll Over" notwendig wird.[37] Nicht gänzlich unumstritten – wenn auch von geringerer Relevanz – ist in der Literatur ferner die Einordnung des hier als statisch eingeordneten Stop-Loss-Ansatzes.[38]

Das Kriterium der Pfadabhängigkeit bezieht sich auf den Zusammenhang zwischen der Entwicklung der im Portfolio enthaltenen (risikoreichen) Titel während der Laufzeit der Strategie und dem Wert des Portfolios am Ende der Absicherungsperiode. Ist für den Wert des Portfolios bei

---

[35] O'Brien, 1998, S. 231.
[36] Vgl. Steiner/Bruns, 1996, S. 328.
[37] Vgl. Steiner/Bruns, 1996, S. 328, insbes. Fußnote 8. Hierauf wird bei der Erläuterung der entsprechenden Strategie noch näher einzugehen sein.
[38] Zur Begründung der Einschätzung der Stop-Loss-Strategie als statisch wird ebenfalls auf die späteren Darstellungen verwiesen.

Ablauf lediglich der zur gleichen Zeit geltende Kurs des bzw. der risikobehafteten Assets ausschlaggebend (wie zum Beispiel im Falle des Protective Put), so bezeichnet man eine Strategie als pfadunabhängig.[39] Im entgegengesetzten Fall, wenn sich also zwischenzeitliche Kursschwankungen auch auf das Endergebnis auswirken, so gilt sie dementsprechend als pfadabhängig (wobei sich die einzelnen Ansätze durchaus im Grad ihrer Pfadabhängigkeit unterscheiden, worauf an späterer Stelle noch genauer einzugehen sein wird).

3.2 Pfadunabhängige Strategien

3.2.1 Strategien mit realen Optionen

3.2.1.1 Der Protective Put

Ziel des Anwenders einer Portfolio Insurance-Strategie ist es, die Renditeverteilung seines Portfolios dem in Abbildung 4 dargestellten Verlauf nachzuempfinden. Der Einsatz „konventioneller" Methoden des Portfolio Managements – gemeint ist das Ausnutzen des bereits angesprochenen Trade-Off zwischen Erwartungswert und Varianz der Renditen – ermöglicht jedoch lediglich eine Verschiebung bzw. Streckung oder Stauchung der in Abbildung 1 gezeigten Normalverteilung. Ihre Glockenform bleibt dabei grundsätzlich erhalten, womit deutlich wird, daß diese herkömmlichen Mittel allein zur Generierung der hier angestrebten, rechtsschiefen Renditeverteilung nicht ausreichen.

Einen Ausweg aus diesem Dilemma bietet der beispielsweise von Bookstaber vorgeschlagene Einsatz von Optionen: „Options are the building blocks for constructing the payoffs to meet these complex return objectives. We can use options to create the portfolio insurance depicted in Figure 1-C [hier: Abbildung 4, Anm. d. Verf.], or to mold returns to conform with virtually any other feasible distribution."[40]

---

[39] Vgl. Aschinger, 1993, S. 4.
[40] Bookstaber, 1985, S. 37.

11

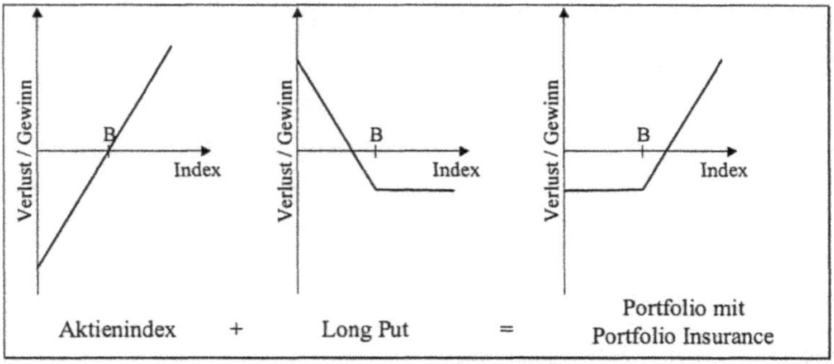

| Aktienindex | + | Long Put | = | Portfolio mit Portfolio Insurance |

Abbildung 7: Der Protective Put[41]

Beabsichtigt ein Anleger, sein Kapital risikoreich zu investieren und sich gleichzeitig vor übermäßigen Verlusten zu schützen, so bietet sich der Einsatz der sogenannten Protective Put-Strategie an. Bei diesem, in Abbildung 7 dargestellten Ansatz verwendet der Investor einen Teil seines Kapitals beispielsweise zum Erwerb eines Aktienportfolios (als risikoreiches Investment). Den verbleibenden Teil nutzt er zum Kauf von Put-Optionen auf eben dieses Aktienportfolio, wobei der Basispreis der Puts dem am Verfalltag zu garantierenden Betrag entspricht. Steigt nun der Wert der Aktienposition bis zum Ende der Laufzeit seiner Optionen, so läßt er letztere ungenutzt verfallen und profitiert von seinem Portfolio in Höhe der Kurssteigerung abzüglich der für den Kauf der Puts entrichteten Prämie. Sollte der Wert seines Portfolios jedoch bis zum Verfalltag unter den zu erreichenden Mindestbetrag sinken, wird er von seinem Optionsrecht Gebrauch machen und sein Portfolio zum ihm zugesicherten Basispreis veräußern.

Das Ergebnis dieser Kombination von Aktienportfolio und Put läßt sich auch analytisch herleiten. Bezeichnen W_0 und W_T den abzusichernden Ausgangsbetrag und den am Ende der Laufzeit beobachteten Wert der Aktienposition, und $P(W_T; W_0) = Max[W_0 - W_T, 0]$ den Wert des Put am Verfalltag, so ergibt sich der Wert der kompletten Protective Put-Strategie Y am Periodenende in Abhängigkeit von W_0 und W_T aus:[42]

$$Y(W_0; W_T) = W_T + P(W_T; W_0)$$

$$= W_T + Max[W_0 - W_T, 0]$$

$$= Max[W_T; W_0]$$

---

[41] Vgl. Steiner/Bruns, 1996, S. 330.
[42] Vgl. Leland, 1980, S. 583.

12

Die Strategie liefert somit ein Endvermögen in Höhe von entweder W_0 oder einem größeren W_T, führt also zu einem Portfolio mit dem geforderten konvexen Auszahlungsprofil.

3.2.1.2 Die Bond/Call-Strategie

Eine der Protective Put-Strategie theoretisch äquivalente Möglichkeit der Umsetzung des Portfolio Insurance-Prinzips bietet sich durch den Einsatz von Call-Optionen. Die schematische Darstellung dieser sogenannten Bond/Call-Strategie in Abbildung 8 verdeutlicht die Grundidee des Konzepts.

Bei diesem Ansatz wird ein Teil des Vermögens in Zerobonds[43] investiert, deren Laufzeit derjenigen der Absicherungsperiode entspricht. Der auf diese Weise anzulegende Betrag ergibt sich aus dem Barwert des am Ende der Laufzeit zu erreichenden Minimalbetrags. Mit dem verbleibenden Rest des Vermögens erwirbt der Anleger Calls auf das gewählte Risikoasset[44], beispielsweise wieder ein Aktienportfolio. Die Investition in Zerobonds garantiert die geforderte Mindestrendite (Downside Protection), und die Option zum Kauf des Aktienportfolios gewährleistet die gewünschte Upside Participation bei positiver Marktentwicklung.

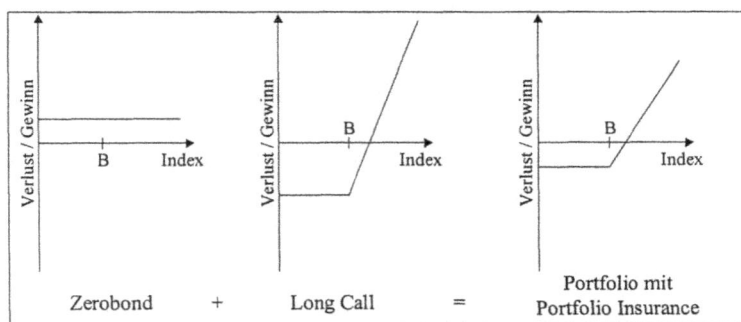

Abbildung 8: Die Bond / Call – Strategie[45]

Analytisch läßt sich die Gleichwertigkeit der Bond/Call- und der Protective Put-Strategie beispielsweise mit Hilfe der sogenannten Put-Call-Parität nachweisen. Letztere zeigt, daß der Wert eines Call C auf ein Underlying gleich dem Wert eines Put P, zuzüglich des aktuellen Marktpreises des Underlying S und abzüglich des mit dem risikofreien Zins r_f abgezinsten Ausübungspreises X sein muß:[46]

---

[43] Der Begriff Zerobond steht hier stellvertretend für eine beliebige risikolose Anlage.
[44] Wenn hier und im folgenden nur von „dem Asset" oder „der Aktie" die Rede ist, so soll dies lediglich als sprachliche Konvention der besseren Lesbarkeit dienen. Selbstverständlich gelten die Ausführungen gleichermaßen für Portfolios aus mehreren Assets.
[45] Vgl. Steiner/Bruns, 1996, S. 335
[46] Vgl. Radcliffe, 1997, S. 698. Zur ursprünglichen Herleitung der Put-Call-Parität vgl. Stoll, 1969.

$$C = S - X(1+r_f)^{-t} + P \qquad\qquad \text{(Gleichung 1)}$$

Durch Umformen ergibt sich:

$$P = C + X(1+r_f)^{-t} - S$$

bzw. $\qquad S + P = C + X(1+r_f)^{-t} \qquad\qquad$ (Gleichung 2)

Die linke Seite dieser letzten Gleichung beschreibt nun die im vorigen Abschnitt dargestellte Protective Put-Strategie (Kauf des Underlying und des zugehörigen Put), der auf der rechten Seite die Bond/Call-Strategie (Kauf eines Call bei gleichzeitiger Anlage des restlichen Vermögens in ein zum risikofreien Satz verzinstes Asset) gegenübersteht.[47]

3.2.1.3 Probleme bei der praktischen Umsetzung

Die beiden vorangegangenen Abschnitte haben gezeigt, daß sich Optionen zumindest theoretisch als Instrument zur Implementierung von Portfolio Insurance-Strategien eignen. Bei ihrer praktischen Anwendung jedoch offenbaren sich dem Anleger schnell die relativ engen Grenzen, innerhalb derer ein Einsatz von Puts und Calls zur Portfolioabsicherung überhaupt nur möglich ist.

Geht man zunächst von börsengehandelten Optionen aus, so kann bereits die Wahl des abzusichernden Portfolios die Verwendung der oben beschriebenen Strategien von vornherein ausschließen. Handelt es sich beispielsweise um ein breit diversifiziertes Portfolio von Standardaktien, wird das Finden eines geeigneten Optionskontrakts wohl kaum Schwierigkeiten bereiten. Weist das abzusichernde Portfolio jedoch eine komplexere Struktur auf (z.B. Aktien kleiner und mittelgroßer Unternehmen unterschiedlicher Länder und Branchen), so erweist sich die Suche nach einem Kontrakt mit „passendem" Underlying mit großer Wahrscheinlichkeit als aussichtslos.[48]

O'Brien nennt fünf weitere Gründe, die gegen den Einsatz börslich gehandelter Optionen sprechen.[49] So können eventuell Probleme aus den standardisierten Laufzeiten der Börsenoptionen erwachsen. Diese bewegen sich im Regelfall zwischen 3 und 12 Monaten, wobei länger laufende Kontrakte, wie z.B. die an der Eurex angebotene 2-jährige DAX-Option, eher die Ausnahme sind.

---

[47] Alternativ kann dieser Nachweis auch über den Vergleich der Auszahlungsprofile beider Ansätze geführt werden. In diesem Fall ergibt sich, ausgehend von einem Callwert $C(W_T; W_0)$ von $\text{Max}[W_T - W_0, 0]$, der Wert eines Bond/Call-Portfolios bei Fälligkeit aus:

$$W_0 + C(W_T; W_0) = W_0 + \text{Max}[W_T - W_0, 0]$$
$$= \text{Max}[W_T, W_0]$$

Dies entspricht genau dem im vorherigen Abschnitt bei der Herleitung der Protective Put-Strategie erhaltenen Ergebnis. Vgl. Leland, 1980, S. 583.
[48] Vgl. Radcliffe, 1997, S. 722.
[49] Vgl. O'Brien, 1998, S. 231 f.

Zudem findet unabhängig hiervon der Großteil des Handels ohnehin in Titeln mit kürzeren Laufzeiten statt.[50] Durch die zwangsläufig resultierende Enge des Optionsmarktes im langfristigen Bereich ergeben sich insbesondere für Akteure mit großen Anlagevolumina (z.B. Pensionsfonds) Schwierigkeiten, die zur Absicherung ihrer Portfolios ausreichenden Optionspositionen aufzubauen, ohne daß sich gleichzeitig der Preis der Optionen signifikant verändert.[51] Eine denkbare Alternative für Anleger mit längerem Planungshorizont wäre zwar, stattdessen auf kurzfristige Optionskontrakte zurückzugreifen und ihre Positionen zwischenzeitlich überzurollen, jedoch ist eine solche „Roll Over"-Strategie mit zusätzlichen und vor allem in ihrer Höhe nicht prognostizierbaren Kosten verbunden.[52]

Ein weiteres Problem der börsengehandelten Puts und Calls betrifft die Möglichkeit der vorzeitigen Ausübung. Die meisten der an den Terminmärkten angebotenen Optionen sind amerikanischen Typs, gestehen dem Käufer also das Recht zu, seine Option jederzeit vor dem vereinbarten Verfalltermin auszuüben. Verfolgt ein Anleger allerdings eine „echte" Portfolio Insurance-Strategie[53], so will er den festgelegten Mindestbetrag seines Vermögens lediglich zu einem bestimmten, zukünftigen Zeitpunkt garantiert wissen.[54] Sein Anforderungsprofil entspricht dann dem einer europäischen Option, deren Preis allerdings – zumindest tendenziell – unter dem einer ansonsten gleichen amerikanischen Option anzusiedeln ist.[55] Dem Anleger entstehen also Opportunitätskosten, da er beim Kauf einer amerikanischen Option für ein Recht mitbezahlt, das er niemals in Anspruch zu nehmen gedenkt.

Auch Restriktionen seitens der Terminbörsen können gegen einen Einsatz der dort gehandelten Optionen sprechen. Die meisten Börsen limitieren die maximal von einem Anleger einnehmbaren Positionen. Häufig werden derartige Beschränkungen, von denen man annimmt, sie würden sich stabilisierend auf die Optionspreise auswirken, den Börsen von den zuständigen Aufsichtsbehörden als Voraussetzung für die Zulassung zum Handel auferlegt. Gerade für Institutionen mit großen

---

[50] Rubinstein nimmt an, daß der Handel von Indexoptionen mit Restlaufzeiten bis zu 40 Tagen etwa 90% des Gesamtvolumens ausmacht. Vgl. Rubinstein, 1998, S. 251, insbes. FN 14.

[51] Vgl. Fabozzi/Modigliani, 1992, S. 318.

[52] Da der Preis der zur Aufrechterhaltung der Absicherung zu erwerbenden Option im voraus nicht bekannt ist, entsteht dem Anleger ein zusätzliches Risiko. Da ferner der Preis der neuen Option von der Entwicklung ihres Underlying abhängt, wird die ursprünglich pfadunabhängige Strategie zu einer pfadabhängigen. Vgl. Bookstaber/Langsam, 1988, S. 21 ff. Eine von ihren Entwicklern als pfadunabhängig bezeichnete Roll Over-Strategie stellen dagegen Choie/Novomestky, 1989 vor.

[53] „true portfolio insurance" Rubinstein, 1998, S. 245.

[54] „Under ideal conditions, a simple portfolio insurance strategy ensures that the value of the insured portfolio, at some specified date, will not fall below some specified level." Brennan/Schwartz, 1988, S. 283

[55] Vgl. Rubinstein, 1998, S. 250 f. Zu den Ursachen unterschiedlicher Preise von amerikanischen und europäischen Optionen vgl. Black/Scholes, 1973, S. 646 ff.

abzusichernden Volumina können solche Positionslimite den Einsatz börsengehandelter Optionen zur Umsetzung einer Portfolio Insurance-Strategie von vornherein ausschließen.[56]

Ein weiteres, bisher nicht angesprochenes Problem hängt, ebenso wie das Laufzeitproblem, mit der Standardisierung der börsengehandelten Optionen zusammen. Häufig wird dem Portfolio Manager ein zu realisierendes Absicherungsniveau durch die Präferenzen seines Auftraggebers zwingend vorgeschrieben. Hieraus können sich Schwierigkeiten ergeben, falls die gewünschte Wertuntergrenze nicht mit den Basispreisen (bzw. ganzzahligen Vielfachen hiervon) der am Markt verfügbaren Optionen übereinstimmt. Möchte beispielsweise ein Anleger sein Portfolio aus deutschen „Blue Chips" durch den Kauf von DAX-Puts auf einem Niveau von 90% des derzeitigen Wertes absichern, so wird er, bei einem aktuellen Indexstand von 5655 Punkten, bei seiner Suche nach einem Put mit Basispreis 5089,5 [57] wenig Erfolg haben. Er muß also den „nächstbesten" Kontrakt wählen und eine Über- oder Unterdeckung in Kauf nehmen, was wiederum zusätzliche Opportunitätskosten bedeutet.

Der letzte hier anzusprechende Einwand gegen den Einsatz von Börsenoptionen stellt ebenfalls Kostengesichtspunkte in den Vordergrund. In den Preis, den ein Anleger beispielsweise zum Kauf eines Call auf eine Aktie zu zahlen hat, gehen nach Black/Scholes insbesondere fünf Faktoren ein: Der aktuelle Aktienkurs, der Basispreis, der risikofreie Zinssatz, die Restlaufzeit und die Volatilität.[58] Die meisten dieser Faktoren sind am Markt direkt beobachtbar und können direkt in die Optionspreisformel eingesetzt werden. Lediglich die Bestimmung der Volatilität erweist sich als problematisch, da sich diese im Moment der Optionsbewertung auf einen zukünftigen Zeitraum bezieht. Dies bedeutet, daß ex ante mit einer – wie auch immer zu bestimmenden – erwarteten Volatilität gearbeitet werden muß, die sich von der tatsächlichen Volatilität unterscheiden kann (und im Regelfall auch wird). Sollte die bei der Bewertung unterstellte Volatilität zu hoch sein, so wird dies auch für den für die Option zu entrichtenden Preis gelten. Der Anleger zahlt also mehr, als theoretisch zur Absicherung notwendig gewesen wäre. Gäbe es nun eine Möglichkeit, eine Portfolio Insurance-Strategie zu implementieren, die statt der erwarteten die tatsächliche Volatilität berücksichtigt, so würde er zwar auf einen eventuellen Gewinn aufgrund einer zu niedrig bepreisten Option verzichten, könnte aber gleichzeitig sicher sein, auf keinen Fall mehr bezahlt zu haben, als bei fairer Bewertung der ursprünglichen Option notwendig gewesen wäre.[59]

---

[56] Vgl. Fabozzi/Modigliani, 1992, S. 318, insbesondere FN 22.
[57] = 5655 * 90%. Auf eine Berücksichtigung eventueller Mindestorders und Transaktionskosten soll an dieser Stelle noch verzichtet werden.
[58] Vgl. Elton/Gruber, 1995, S. 588.
[59] Vgl. Fabozzi/Modigliani, 1992, S. 319.

Die bisherigen Ausführungen gingen im wesentlichen von der Anwendung börslich gehandelter Optionen zur Portfolioabsicherung aus. Bezieht man auch die Möglichkeit des Einsatzes von OTC-Optionen mit ein, so stellt man fest, daß sich einige der obigen Vorwürfe nicht länger aufrechterhalten lassen. Da OTC-Optionen in der Regel kaum standardisiert sind, ergeben sich beispielsweise keine Probleme hinsichtlich der Gestaltung von Basispreis, Laufzeit oder Underlying. Auch kann das Recht der vorzeitigen Ausübung von vornherein ausgeschlossen und dies bei der Preisfindung entsprechend berücksichtigt werden. Der Gefahr eines zu hohen Preises aufgrund einer falsch eingeschätzten Volatilität sind diese Optionen jedoch ebenso ausgesetzt, wie ihre börsengehandelten Gegenstücke. Außerdem – das wohl gewichtigste Argument gegen ihren Einsatz – besteht auf dem OTC-Markt das Hauptproblem im Finden eines geeigneten Kontraktpartners, der die gewünschten Optionen auch anzubieten bereit ist. Aufgrund der fehlenden Standardisierung verteilen sich Angebot und Nachfrage über theoretisch unendlich viele unterschiedliche Kontrakte, was eine wirksame Absicherung gerade für Anleger mit großen Portfolios aufgrund fehlender Liquidität des Marktes unmöglich macht. OTC-Optionen sind somit nur selten eine echte Alternative, was zu der Frage führt, ob nicht noch andere, eventuell weniger problembehaftete Möglichkeiten der Implementierung des Portfolio Insurance-Konzepts existieren.

3.2.2 Die dynamische Replikation von Optionen

3.2.2.1 Grundlagen

Gesucht wird also eine Strategie, welche die oben genannten Nachteile überwindet, ohne jedoch ihre Vorteile der Downside Protection bei gleichzeitiger Upside Participation aufzugeben. Da Optionen prinzipiell ein geeignetes Mittel zur Absicherung von Portfolios darstellen, und das Hauptproblem in aller Regel lediglich im Fehlen von Kontrakten mit den jeweils gewünschten Spezifikationen besteht, bietet sich, gewissermaßen als „Do-it-yourself"-Lösung, eine Konstruktion „passender" Kontrakte auf dem Wege der dynamischen Replikation an.

Die theoretischen Grundlagen hierfür liefern Rubinstein und Leland: „ The key insight to modern option pricing theory is that, *in most situations of practical relevance, the price behavior of an option is very similar to a portfolio of the underlying stock and cash that is revised in a particular way over time.* That is, there exists a *replicating portfolio strategy*, involving stock and cash only, that creates returns identical to those of an option."[60]

---

[60] Rubinstein/Leland, 1995, S. 113. Kursivdruck im Original.

| | Long (max. eine) Aktie | | Short (max. eine) Aktie | | |
	+ Anlage zu r_f	+ Kreditaufnahme	+ Anlage zu r_f	+ Kreditaufnahme	
Aktienkauf, kreditfinanziert	Long 1 Aktie + Long 1 Put	Long 1 Call	Long 1 Put	Short 1 Aktie +Long 1 Call	Aktienverkauf, Anlage zu r_f
Aktienverkauf, Anlage zu r_f	Long 1 Aktie + Short 1 Call	Short 1 Put	Short 1 Call	Short 1 Aktie + Short 1 Put	Aktienkauf, kreditfinanziert

(linke Seite: Kurs steigt; rechte Seite: Kurs fällt)

Abbildung 9: Strategien zur dynamischen Replikation von Optionspositionen[61]

Aufbauend auf den Erkenntnissen der Optionspreistheorie kann also das Verhalten von Optionen synthetisch nachempfunden werden. Die grundsätzliche Vorgehensweise bei der dynamischen Replikation läßt sich der in Abbildung 9 dargestellten Strategiematrix entnehmen. Für jede der in den grau unterlegten Feldern aufgeführten Optionspositionen gibt die erste Zeile das entsprechende Portfolio aus Aktien und risikoloser Anlage (zum Zinssatz r_f) an. Die jeweils zu verfolgende Anpassungsstrategie in Abhängigkeit von der Entwicklung des Aktienmarktes findet sich an den Seiten der Matrix.

Am Beispiel des sogenannten Synthetischen Put, d.h. der dynamischen Replikation eines Protective Put, soll dieses Prinzip im folgenden demonstriert werden.

3.2.2.2 Der Synthetische Put

Wie aus einem der vorherigen Abschnitte bekannt, setzt sich der Protective Put aus einer Long-Position in Aktien und in Puts auf eben diese Aktien zusammen, entspricht also genau der im linken oberen Feld der Matrix wiedergegebenen Kombination. Die adäquate Replikationsstrategie läßt sich unmittelbar ablesen: „... the *protective put* is equivalent to a long stock-lending portfolio that is systematically shifted (1) away from stock and into cash as the stock price falls, providing a floor on losses, and (2) into stock and away from cash as the stock price rises, permitting future gains or losses to be realized."[62]

Nachdem somit Klarheit hinsichtlich der grundsätzlichen Vorgehensweise bei der Replikation besteht, stellt sich nun die Frage nach der optimalen Aufteilung des Anlagebetrags auf das risikoreiche und das risikolose Asset. Zur Lösung dieses Problems wird in der Regel auf das

---

[61] Vgl. Rubinstein/Leland, 1995, S. 116.
[62] Rubinstein/Leland, 1995, S. 116.

Optionsbewertungsmodell von Black und Scholes zurückgegriffen.[63] Vor diesem Hintergrund ergibt sich zunächst der Wert eines europäischen Call zu:[64]

$$C = S \, N(d_1) - \frac{X}{e^{rT}} \, N(d_2) \qquad \text{(Gleichung 3)}$$

wobei

$$d_1 = \frac{\ln \frac{S}{X} + (r_f + \frac{\sigma^2}{2}) \, T}{\sigma \sqrt{T}} \qquad \text{(Gleichung 3a)}$$

$$d_2 = d_1 - \sigma \sqrt{T} \qquad \text{(Gleichung 3b)}$$

S: aktueller Kurs des Risikoassets

X: Ausübungspreis

σ: Standardabweichung

r_f: risikofreier Zins

T: Restlaufzeit der Option (= Laufzeit t^* - aktueller Zeitpunkt t)

N(): kumulative Standardnormalverteilung

Der Wert einer Protective Put-Strategie läßt sich mit Hilfe der Put-Call-Parität aus der obigen Formel ableiten. Behält man die von Black und Scholes eingeführte Annahme einer kontinuierlichen Verzinsung bei[65] und setzt beide Formeln gleich, so erhält man:

$$S - \frac{X}{e^{rT}} + P = S \, N(d_1) - N(d_2) \frac{X}{e^{rT}} \qquad \text{(Gleichung 4)}$$

$$S + P = S \, N(d_1) - N(d_2) \frac{X}{e^{rT}} - S + \frac{X}{e^{rT}}$$

$$S + P = S \, N(d_1) + \frac{X}{e^{rT}} [1 - N(d_2)] \qquad \text{(Gleichung 5)}$$

In diesem Zusammenhang ist zu beachten, daß der Synthetische Put aus dem ursprünglichen Vermögen V_0 finanziert wird. Aus diesem Grund muß der in das Modell eingehende Ausübungspreis X über dem gewünschten Portfoliomindestwert, dem sogenannten Floor F liegen.

---

[63] Vgl. Black/Scholes, 1973. Für eine Replikation auf Basis des Binomialmodells vgl. Singleton/Grieves, 1984.

[64] Vgl. Radcliffe, 1997, S. 707.

[65] Unter dieser Voraussetzung ergibt sich die Put-Call-Parität zu: $C = S - \frac{X}{e^{rT}} + P$. Vgl. Rudolf, 1994, S. 167.

Da jedoch zwischen dem „korrekten" Ausübungspreis und der Höhe des für die Absicherung zu zahlenden Preises ein rekursiver Zusammenhang besteht, bedarf es zur Betimmung von X einer iterativen Vorgehensweise:[66]

$$X = F/V_0 \, (S_0 + P_0(X))$$ (Gleichung 6)

Die Protective Put-Strategie läßt sich also – unter der Voraussetzung kontinuierlicher Portfoliorevision – durch eine Investition in $N(d_1)$ Einheiten des Risikoassets und $[1-N(d_2)] = N(-d_2)$ Einheiten der risikolosen Anlage replizieren. Da diese beiden Faktoren Werte zwischen 0 und 1 annehmen können, scheint es sich bei ihnen auf den ersten Blick um Portfoliogewichte zu handeln. Allerdings impliziert Gleichung 3b, daß $d_2 \leq d_1$, was dazu führt, daß $N(d_1) + 1-N(d_2) \geq 1$. In der Regel wird die Summe beider Faktoren also größer als eins sein, lediglich bei weit im oder weit aus dem Geld liegenden Optionen ist ein Ergebnis von genau eins möglich. In diesem Fall würde das Replikationsportfolio vollständig aus der risikoreichen (bei Optionen deep-in-the-money) oder der risikolosen Anlage bestehen (bei Optionen deep-out-of-the-money). In allen anderen Fällen kann der eins übersteigende Teil als Ausdruck für die Kosten der Portfolio Insurance-Strategie (ähnlich dem Kaufpreis des börsengehandelten Put) interpretiert werden.[67]

Um nun den tatsächlichen Anteil w_A des Risikoassets und damit auch die endgültige Zusammensetzung des Replikationsportfolios zum Zeitpunkt t zu bestimmen, bietet sich der Einsatz der folgenden Formel an:[68]

$$w_{A,t} = \frac{S_t N(d_1)}{S_t N(d_1) + X \, e^{-rT}(1 - N(d_2))}$$ (Gleichung 7)

Der Anteil des risikolosen Assets entspricht $w_{B,t} = 1-w_{A,t}$.

Einige wesentliche Eigenschaften von Gleichung 7 charakterisieren Benninga und Blume.[69] So muß beispielsweise das Anfangsvermögen des Anlegers mindestens Xe^{-rt} betragen, um eine Absicherung in Höhe des Basispreises gewährleisten zu können. Läge das hierfür notwendige Vermögen darunter, ergäbe sich die Möglichkeit zur Arbitrage, da dem Anleger eine über dem risikofreien Zins liegende Mindestrendite garantiert würde. Entspricht das Anfangsvermögen hingegen genau Xe^{-rT}, so ist die einzig mögliche Portfolio Insurance-Strategie die einer 100-prozentigen Investition

---

[66] Vgl. Steiner/Bruns, 1996, S. 336.
[67] Vgl. Rudolf, 1994, S. 167.
[68] Vgl. Aschinger, 1993, S. 5. Zur Herleitung vgl. Benninga/Blume, 1985, S. 1342 f.
[69] Vgl. Benninga/Blume, 1985, S. 1343 f.

in die risikofreie Anlage (d.h. $w_A = 0$), da nur auf diese Weise der Basispreis bis zum Laufzeitende sichergestellt werden kann.

Des weiteren läßt sich zeigen, daß eine Erhöhung des Vermögens mit einer Erhöhung des risikoreich investierten Anteils einhergeht, wobei für jedes $S_t \geq X$ dieser Anteil größer als 50% sein muß.[70] Ferner wird, abhängig von der Höhe des Vermögens, mit abnehmender Restlaufzeit mehr Kapital in die risikoreiche (falls $S_t > X$) oder aber in die risikolose Anlage investiert (falls $S_t < X$), so daß bei Erreichen des Absicherungszeitpunkts das Vermögen entweder komplett risikoreich oder vollständig risikolos investiert ist.[71]

3.2.2.3 Kritik am vorgestellten Konzept

Als eine Schwäche des im letzten Abschnitt präsentierten Modells wird häufig dessen soeben angesprochene Zeitabhängigkeit angesehen. Viele Autoren halten es für problematisch, das bloße Verstreichen von Zeit als Kriterium für eine Allokationsentscheidung zuzulassen.[72]

Der zweite und gewichtigere Kritikpunkt betrifft die Anwendbarkeit der Strategie in der Praxis. Das eben präsentierte Modell erlaubt die perfekte Replikation eines Protective Put – allerdings nur, solange alle dem Ansatz von Black und Scholes zugrundeliegenden Prämissen auch eingehalten werden. Hierzu zählen neben der bereits kurz erwähnten kontinuierlichen Portfolioanpassung unter anderem auch die Möglichkeit der uneingeschränkten Kapitalaufnahme und -anlage zu einem über die gesamte Laufzeit konstanten risikofreien Zins, ein „gleichmäßiger" Verlauf der Wertpapierrenditen (d.h. kein Auftreten von „Sprüngen") sowie die Abwesenheit von Transaktionskosten.[73]

Die sich ergebenden Kritikpunkte liegen auf der Hand: „Since these assumptions are mostly false, we know the formula [Gleichung 3, Anm. d. Verf.] must be wrong."[74] Es ist unmittelbar einsichtig, daß dies auch mit Auswirkungen auf die dynamische Portfolio Insurance verbunden sein muß: „The same unrealistic assumptions that led to the Black-Scholes formula are behind some versions of "Portfolio Insurance". As people have shifted to more realistic assumptions, they have changed the way they use portfolio insurance."[75]

---

[70] Vgl. Benninga/Blume, 1985, S. 1343, insbes. FN 3.

[71] Vgl. Benninga/Blume, 1985, S. 1344.

[72] Dies gilt insbesondere im Falle der Betrachtung revolvierender Verfahren, bei denen nach jeder „schlechten" Absicherungsperiode zur Reinitialisierung der Strategie wieder eine vollständige Umschichtung des Vermögens vom risikolosen in das risikoreiche Asset vorgenommen werden muß.

[73] Vgl. Black/Scholes, 1973, S. 640 f.

[74] Black, 1998, S. 30.

[75] Black, 1998, S. 29. Zu einer ausführlicheren Diskussion der dem Black/Scholes-Modell zugrundeliegenden Annahmen vgl. ebenda, S. 30 ff.

Eines der Hauptprobleme stellt in diesem Zusammenhang die Existenz von Transaktionskosten dar. Verfolgt man tatsächlich die oben vorgestellte Strategie und paßt sein Portfolio kontinuierlich der aktuellen Marktentwicklung an[76], so tendieren die damit verbundenen Transaktionskosten schnell gegen unendlich. Es besteht demnach „ein Trade-Off zwischen der Güte der Replikation und der Höhe der anfallenden Transaktionskosten"[77].

Zur Lösung dieses Problems haben sich mehrere Autoren in der Weiterentwicklung der Formel von Black und Scholes versucht. Ein Ansatz, der das Auftreten proportionaler Transaktionskosten explizit berücksichtigt, wurde von Leland veröffentlicht.[78] Letzterer zeigt, daß das Black/Scholes-Modell auch unter dieser Voraussetzung prinzipiell Gültigkeit behält, sofern man in Gleichung 3 bzw. in unserem Fall in Gleichung 7 die Standardabweichung σ durch den folgenden, auch als „Leland-Volatilität" bezeichneten Ausdruck ersetzt:[79]

$$\sigma_L = \sigma \sqrt{1 + \sqrt{\frac{2}{\pi}} \cdot \frac{k}{\sigma \sqrt{\Delta t}}} \qquad \text{(Gleichung 8)}$$

k steht hier für die „Round-Trip" Transaktionskosten[80], und Δt repräsentiert das Revisionsintervall[81].

Einen ähnlichen Ansatz schlagen Boyle und Vorst vor.[82] Sie modellieren ebenfalls den Fall proportionaler Transaktionskosten, allerdings auf Basis des Binomialmodells in diskreter Zeit. Ferner stellen sie eine der Leland-Volatilität sehr ähnliche, modifizierte Standardabweichung vor, mit der sich ihre Replikation mit Hilfe des Black/Scholes-Modells approximieren läßt:[83]

$$\sigma_{BV} = \sigma \sqrt{1 + 2 \cdot \frac{k}{\sigma \sqrt{\Delta t}}} \qquad \text{(Gleichung 9)}$$

---

[76] Dies wäre durch den Einsatz von Computern zumindest approximativ ohne weiteres möglich.

[77] Aschinger, 1993, S. 5.

[78] Vgl. Leland, 1985.

[79] Vgl. Leland, 1985, S. 1289. Bei Leland steht der Term $\sqrt{\Delta t}$ im Zähler des Bruches, wobei es sich jedoch – wie die auf der selben Seite zu findende Herleitung der Formel eindeutig zeigt – um einen Druckfehler handelt.

[80] Dies sind diejenigen Transaktionskosten, die bei dem Verkauf eines Assets und dem gleichzeitigen Kauf des anderen anfallen.

[81] D.h. bei einem Planungszeitraum von beispielsweise einem Vierteljahr hätte Δt einen Wert von ca. 1/70, börsentägliche Portfolioanpassung vorausgesetzt. Abweichend hiervon setzen Steiner/Bruns an dieser Stelle die absolute Dauer des Revisionszeitraums für Δt ein, im Beispielfall also 70 Tage. Vgl. Steiner/Bruns, 1996, S. 339.

[82] Vgl. Boyle/Vorst, 1992.

[83] Vgl. Boyle/Vorst, 1992, S. 278. Der dort gebrauchte Ausdruck $\sqrt{n}/\sqrt{T}$ entspricht Lelands $1/\sqrt{\Delta t}$.

Wie beim Vergleich der Gleichungen 8 und 9 deutlich wird, unterscheiden sich die beiden Volatilitäten lediglich um den Term $\sqrt{2/\pi} \approx 0,8$ in der Gleichung von Leland. Damit ergibt sich in dessen Modell eine niedrigere Standardabweichung als im Modell von Boyle und Vorst. Welche Auswirkungen diese Differenz auf das Ergebnis der Replikation hat, wird im empirischen Teil dieser Arbeit näher untersucht werden.

Ein weiterer, in diesem Kontext noch zu erwähnender Ansatz zur Replikation von Optionen wurde von Edirisinghe, Naik und Uppal entwickelt.[84] Sie knüpfen ebenfalls an das Binomialmodell an und bedienen sich der zweistufigen dynamischen Programmierung. Der von ihnen formulierte Ansatz berücksichtigt neben den von Leland und Boyle/Vorst modellierten proportionalen auch fixe Transaktionskosten, Losgrößenbeschränkungen und Positionslimite. Des weiteren ist ihr Modell insofern universeller ausgerichtet, als daß sich mit Hilfe des vorgestellten Algorithmus auch nicht-konvexe Auszahlungsprofile generieren lassen.

3.3 Pfadabhängige Strategien der Portfolio Insurance

3.3.1 Allgemeines

„Under true portfolio insurance, the probability of experiencing a loss is zero; the position's return dependent solely on the ending value of the underlying portfolio, regardless of interim movements in portfolio value; and the expected rate of return is greater than that of any other strategy possessing the first two properties."[85]

Vor dem Hintergrund der von Rubinstein vorgeschlagenen Definition der „Portfolio Insurance" könnte die Überschrift dieses Abschnitts kaum widersprüchlicher sein. Der Begriff der Pfadabhängigkeit scheint unvereinbar mit dem Grundprinzip der Portfolio Insurance, und dennoch wurden in der Vergangenheit verschiedene Absicherungsstrategien entwickelt, deren Ergebnis mehr oder minder stark von der Entwicklung des risikobehafteten Assets während der Absicherungsperiode abhängt.

Die Ursache dieses Phänomens ist in den zum Teil bereits angesprochenen Schwächen der pfadunabhängigen Strategien zu suchen. So basieren die bislang vorgestellten Portfolio Insurance Strategien auf den Erkenntnissen und auch Prämissen der Optionspreistheorie. Auf das Problem der dieser Theorie und damit auch allen aus ihr hervorgegangenen Portfolio Insurance-Konzepten zugrundeliegenden, unrealistischen Annahmen wurde bereits eingegangen. Es läßt sich

---

[84] Vgl. Edirisinghe/Naik/Uppal, 1993.
[85] Rubinstein, 1998, S. 245.

beispielsweise zeigen, daß die synthetische Konstruktion eines Protective Put in diskreter Zeit und bei Auftreten von Transaktionskosten keineswegs mehr komplett pfadunabhängig ist. Des weiteren bedarf es zum Beispiel zur Anwendung der Formel von Black und Scholes der Schätzung zukünftiger Volatilitäten. Treten bei diesen Prognosen Fehler auf, so kann die einwandfreie Funktion der verfolgten Strategie nicht mehr garantiert werden. Als letzter, aber nicht unwichtigster Punkt bleibt noch die vergleichsweise hohe Komplexität der optionspreistheoretisch fundierten Ansätze zu erwähnen, die ihren Einsatz für weniger versierte Anleger häufig von vornherein ausschließt.

All diese Faktoren haben zur Entwicklung alternativer Strategien geführt, die versuchen, mit Hilfe leichter zu implementierender Methoden (und unter Inkaufnahme einer mehr oder weniger starken Pfadabhängigkeit) dem Ideal der Portfolio Insurance in der Praxis möglichst nahe zu kommen.

3.3.2 Die Stop-Loss-Strategie

Die Stop-Loss-Strategie gilt als einfachste und daher vermutlich auch am weitesten verbreitete Portfolio Insurance-Strategie.[86] Folgt ein Anleger dem Stop-Loss-Ansatz, so investiert er am Anfang des Anlagezeitraums zunächst sein gesamtes Vermögen (V) in das risikobehaftete Anlageobjekt, beispielsweise in Aktien. Gleichzeitig legt er einen am Ende seines Anlagehorizonts zu erreichenden Minimalbetrag fest, den sogenannten Floor (F). Letzterer muß so gewählt sein, daß er unter dem durch eine sofortige und vollständige Investition in das risikolose Asset zu erzielenden Betrag liegt.[87] Während der Laufzeit des Investments vergleicht der Anleger regelmäßig – theoretisch kontinuierlich – den aktuellen Wert seines Portfolios und den (mit dem Zins für die risikofreie Anlage abdiskontierten) Barwert seines Floors. Sollte der Wert des Portfolios diese Untergrenze erreichen, erfolgt eine sofortige und komplette Umschichtung des Vermögens in die risikofreie Anlage, um sicherzustellen, daß der mindestens geforderte Endwert auch mit Sicherheit erreicht wird.

Formal ausgedrückt ergibt sich bei stetiger Betrachtung folgende Entscheidungsregel: Zum Ausgangszeitpunkt t_0, setze den Anteil des Risikoassets am Gesamtportfolio $w_A = 100\%$. Sollte für ein beliebiges $t > t_0$ während des Anlagezeitraums die Bedingung

$$V_t = Fe^{-rT}$$

(Gleichung 10)

---

[86] Vgl. Steiner/Bruns, 1996, S. 328.
[87] Vgl. Braun, 1994, S. 860.

erfüllt sein, dann setze von diesem Zeitpunkt an für den Rest der Laufzeit $w_A = 0\%$.[88]

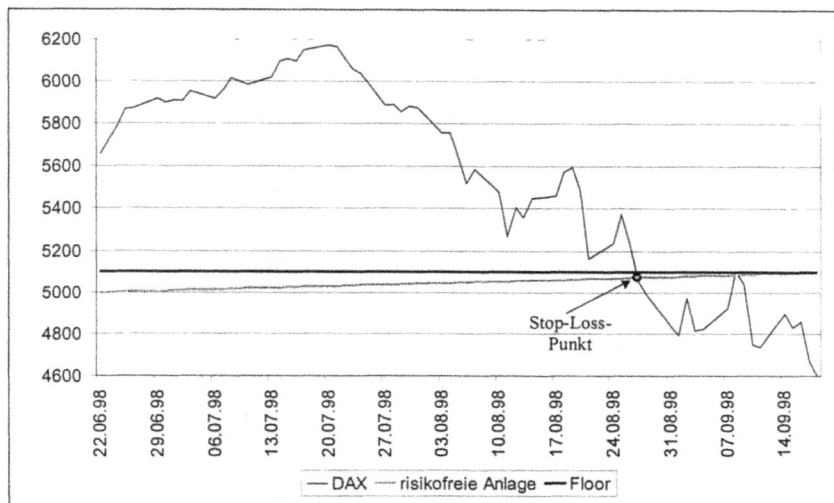

Abbildung 10: Die Stop-Loss-Strategie

Abbildung 10 zeigt ein Beispiel für die Anwendung der Stop-Loss-Strategie am deutschen Aktienmarkt. Es wird angenommen, der Anleger halte ein Portfolio, das in seiner Zusammensetzung genau dem DAX entspricht. Zu Beginn des hier dreimonatigen Anlagezeitraums notiert der Index bei 5655 Punkten. Der Anleger möchte an Aufwärtsbewegungen des Aktienmarktes teilhaben, aber gleichzeitig am Ende seines dreimonatigen Planungshorizonts (22.06.98 bis 18.09.98) einen Floor in Höhe von 5100 Punkten (ca. 90% des Ausgangswerts) garantiert wissen. Ferner liege die Verzinsung der risikofreien Anlage bei 8% (jährlich).[89] Ausgehend von diesen Daten führt die in der Abbildung gezeigte Indexentwicklung dazu, daß das Portfolio am 27.08.98 seinen Stop-Loss-Punkt erreicht und vollständig in die risikofreie Anlage umgeschichtet wird. Am Ende der Laufzeit der Strategie entspricht das dem Anleger verbleibende Kapital dem im Falle eines Indexstands von 5100, während sich der DAX tatsächlich auf einem Niveau von nur noch 4599 befindet. In der hier dargestellten Situation hätte die Stop-Loss-Strategie somit ihren Zweck erfüllt und den Anleger vor höheren Verlusten geschützt.

---

[88] Vgl. Braun, 1994, S. 859 ff, insbes. die dortigen Gleichungen 5 und 6. Geht man davon aus, daß die Anpassung nicht kontinuierlich erfolgt, so verändert sich obige Gleichung 10 zu $V_t \leq Fe^{-rT}$, bzw. bei diskreter Verzinsung $V_t \leq F (1+r)^{-T}$.
[89] In diesem Beispiel wird von einer diskreten Verzinsung ausgegangen. Des weiteren werden Transaktionskosten und sonstige Restriktionen (z.B. Mindestordergrößen o.ä.) vernachlässigt.

Nach dieser Darstellung der Stop-Loss-Strategie mit ihrer zwischenzeitlichen Umschichtung des Kapitals mag es verwundern, daß sie eingangs dieses Kapitels[90] als statischer Ansatz bezeichnet wurde. Tatsächlich sehen manche Autoren in ihr auch eher den Prototyp eines dynamischen Konzepts.[91] Dennoch erscheint die hier gewählte Systematisierung gerechtfertigt, wenn man sich vor Augen führt, daß es sich bei der Umschichtung – sofern sie denn überhaupt notwendig werden sollte – um eine einmalige Transaktion handelt, mit deren Durchführung das ursprüngliche Portfolio vollständig aufgelöst wird. Mit dem Erreichen des Stop-Loss-Punktes endet genau genommen die Laufzeit der Strategie (wenn auch nicht durch das Verstreichen von Zeit, sondern durch die Auflösung des ursprünglichen Portfolios), da von diesem Zeitpunkt an die am Ende der Absicherungsperiode zu erzielende Rendite eindeutig feststeht.[92]

Trotz ihrer anhand des obigen Beispiels festgestellten Wirksamkeit bei der Vermeidung von Verlusten wird der Stop-Loss-Ansatz mittlerweile vielfach als veraltet angesehen.[93] Erklären läßt sich ein solches Urteil in erster Linie mit der starken Pfadabhängigkeit dieser Strategie. Steigt der Kurs des risikoreichen Assets an, so partizipiert der Anleger zu 100 Prozent an dieser Bewegung. Bereits ein einmaliges Unterschreiten der als kritisch definierten Grenze führt jedoch bei konsequenter Anwendung dazu, daß der Portfoliowert am Ende der Laufzeit unwiderruflich dem zuvor festgelegten Floor entspricht. Eine eventuelle „Erholung" des risikobehafteten Assets findet in diesem Fall ohne Beteiligung des Anlegers statt, sein Kapital wird lediglich zum risikofreien Satz verzinst. Diese Schwäche der Strategie läßt ihren Einsatz insbesondere in einem volatilen Marktumfeld wenig sinnvoll erscheinen, denn je größer die als normal anzusehenden Kursschwankungen ausfallen, desto größer wird auch die Wahrscheinlichkeit, die vordefinierte Wertuntergrenze zumindest kurzzeitig zu durchbrechen und damit jede weitere Chance auf „Upside Participation" einzubüßen.

3.3.3 Die Modified Stop-Loss-Strategie

Die im vorigen Abschnitt angesprochene Schwäche der starken Pfadabhängigkeit des Stop-Loss-Ansatzes haben Bird/Dennis/Tippett zum Anlaß genommen, letzteren geringfügig zu modifizieren und um eine dynamische Komponente zu ergänzen.[94] Die hieraus resultierende Modified Stop-Loss-Strategie (MSL) zeichnet sich dadurch aus, daß die Umschichtung von der risikoreichen in die risikofreie Anlage graduell erfolgt. Der jeweils umzuschichtende Betrag wird insbesondere von zwei Faktoren beeinflußt, nämlich erstens dem Ziel, einen bestimmten Portfoliowert am Ende der

[90] Vgl. Abbildung 6.
[91] Vgl. z.B. Bühler, 1995, S. 1528 f.
[92] Vgl. Steiner/Bruns, 1996, S. 328, Poschadel/Beer, S. 454 f sowie zur Argumentation Bossert/Burzin, 1998, S. 220 f.
[93] Vgl. Bossert/Burzin, 1998, S. 221.
[94] Vgl. Bird/Dennis/Tippett, 1988, S. 35 ff.

Laufzeit zu garantieren, und zweitens der Annahme, daß sich der Wert des risikoreich angelegten Portfolioanteils bis zum Laufzeitende nicht verändern wird.[95]

Für die Vorgehensweise bei der Anwendung der MSL bedeutet dies, daß zu Beginn des Planungshorizonts das gesamte Vermögen risikoreich z.b. in Aktien investiert wird. Sinkt nun der Wert des Portfolios unter den zuvor festgelegten Floor, so kommt es, genau wie im Falle der Stop-Loss-Strategie, zu einer Umschichtung in die risikolose Anlage - allerdings nicht zu 100%. Es werden lediglich genügend Aktien verkauft, um bei einem von nun an konstantem Aktienkurs ein Erreichen des Floor mit Hilfe der Verzinsung des risikolosen Assets zu garantieren. Die Höhe des bei der ersten Portfoliorevision in die risikolose Anlage zu transferierenden Betrags wird von Bird/Dennis/Tippett durch Auflösen folgender Gleichung nach x bestimmt:[96]

$$F = E_1 - x_t + x_t \, e^{rT} \qquad \qquad \text{(Gleichung 11)}$$

E steht für das sogenannte „Exposure". Dieser Begriff bezeichnet den Wert der in das risikobehaftete Asset investierten Position, also den Teil des Vermögens, der der Gefahr eines Kursverlustes in vollem Umfang ausgesetzt („exposed") ist.[97] Für alle folgenden Zeitpunkte t > 1 ergibt sich der zusätzlich[98] umzuschichtende Betrag x aus folgender Gleichung:

$$F = E_t + x_{t-1} \, e^r \, e^{rT} - x_t + x_t \, e^{rT} \qquad \qquad \text{(Gleichung 12)}$$

Bei kontinuierlicher Anpassung verhindert auch diese Vorgehensweise ein Unterschreiten des Floors. Außerdem ist die Pfadabhängigkeit im Vergleich zur Stop-Loss-Strategie deutlich geringer, so daß die MSL bereits eher an den Synthetischen Protective Put erinnert. Inwieweit sich die Leistungsfähigkeit der MSL unter realistischeren Bedingungen von der anderer Portfolio Insurance-Strategien unterscheidet, wird an späterer Stelle noch zu klären sein.

3.3.4 Die Constant Proportion Portfolio Insurance (CPPI)

3.3.4.1 Grundidee
Eine weitere dynamische Strategie, deren Ursprung nicht in der Optionspreistheorie liegt, ist die sogenannte Constant Proportion Portfolio Insurance (CPPI). Sie wurde von Black und Jones[99]

---

[95] Vgl. Bird/Dennis/Tippett, 1988, S. 35. Die Autoren beschränken ihre Ausführungen auf die Absicherung des ursprünglich investierten Betrags, jedoch ist prinzipiell auch ein anderer Floor denkbar.
[96] Vgl. Bird/Dennis/Tippett, 1988, S. 36. Die Gleichungen 11 und 12 erscheinen dort lediglich in Form eines Zahlenbeispiels, auf die Darstellung der hier gewählten, allgemeinen Schreibweise wurde verzichtet.
[97] Vgl. z.B. Auckenthaler, 1994, S. 232, dort im Zusammenhang mit der CPPI.
[98] D.h. die Variable x bezeichnet hier nicht den insgesamt in der risikolosen Anlage gehaltenen Betrag, sondern lediglich den zusätzlich zum bereits risikolos investierten Vermögen umzuschichtenden Betrag.
[99] Vgl. Black/Jones, 1987 und 1988.

entwickelt[100] und hat seit ihrer Veröffentlichung im Jahre 1987 schnell an Popularität gewonnen. Die Autoren selbst charakterisieren die CPPI als „an approach to portfolio insurance that is easy to understand and straightforward to implement. The approach does not involve complex formulas. [...] At the same time, the method is flexible enough to handle even the most extreme cases."[101] Die der CPPI zugrundeliegende Idee läßt sich anhand folgender Abbildung verdeutlichen:

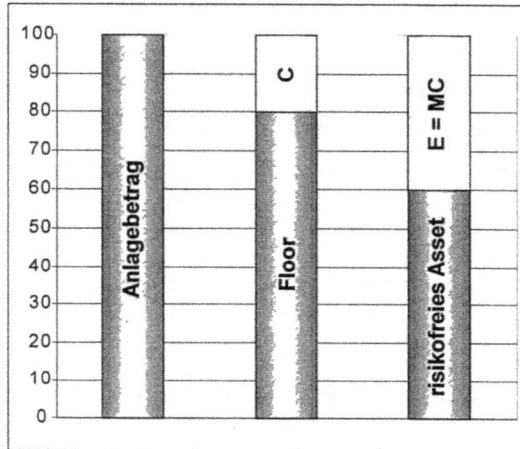

Abbildung 11: Grundstruktur der CPPI

Analog zur Vorgehensweise bei Anwendung der bisher vorgestellten Strategien bestimmt der Anleger zunächst einen nicht zu unterschreitenden Floor F.[102] Die Differenz aus anzulegendem Vermögen V und Floor ergibt das sogenannte Cushion C, also genau den Betrag, der maximal verlorengehen dürfte, ohne daß der Floor gefährdet wäre. Im Anschluß an die Bestimmung des Floor definiert der Investor schließlich noch einen Parameter, der seine individuelle Risikoneigung widerspiegelt, den sogenannten Multiplikator M.[103] Mit Hilfe dieser Daten läßt sich der in das Risikoasset zu investierende Betrag, das Exposure E, unmittelbar bestimmen als:[104]

$$E = M (V-F)$$

bzw. $\qquad E = M\,C$ \hfill (Gleichung 13)

---

[100] Die der CPPI zugrundeliegende Theorie läßt sich in ihren Grundzügen bis Merton, 1971 zurückverfolgen. Vgl. Black/Perold, 1992, S. 403 f sowie Kingston, 1988, S. 1 ff.

[101] Black/Jones, 1987, S. 48.

[102] Der Floor kann während der Laufzeit der Strategie entweder konstant gehalten oder aber mit dem Zinssatz der risikofreien Anlage abdiskontiert werden. In der Literatur finden sich beide Vorgehensweisen, hier und im folgenden wird die erstgenannte zugrundegelegt.

[103] Vgl. Auckenthaler, 1994, S. 232.

[104] Vgl. Black/Jones, 1987, S. 48.

mit $M > 1$ [105]

Insbesondere, um Transaktionskosten gering zu halten, besteht des weiteren noch die Möglichkeit der Festlegung eines (prozentualen) Toleranzwertes, um den das tatsächliche Exposure vom theoretisch korrekten maximal abweichen darf, ohne daß Umschichtungen ausgelöst werden.[106]

Wie Gleichung 13 zeigt, wächst das Exposure mit zunehmendem Multiplikator. Die CPPI berücksichtigt also über letzteren explizit die Risikobereitschaft ihres Anwenders, indem sie dem Anleger mit geringerer Risikoaversion (oder aber mit optimistischeren Erwartungen hinsichtlich der zukünftigen Marktentwicklung[107]) eine größere Investition in das riskante Asset ermöglicht. In diesem Punkt ist der entscheidende Unterschied der CPPI zu den optionspreistheoretisch fundierten Modellen zu sehen.[108]

3.3.4.2 Anwendungsbeispiel

Um die Anwendung der CPPI zu verdeutlichen, bietet sich ein Rückgriff auf das bereits im Abschnitt über die Stop-Loss-Strategie verwendete Beispiel einer Investition in ein DAX-ähnliches Portfolio an. Ziel ist es wiederum, am Ende des Planungshorizonts mindestens 90% des Anfangsvermögens zu garantieren. Geht man ferner von einem zu investierenden Vermögen von 1 Mio. Geldeinheiten (GE), einem Multiplikator von 5, einer (diskreten) Verzinsung der risikofreien Anlage (hier: Termingeld) von 8% p.a. und wöchentlicher Anpassung aus, so ergibt sich das in Abbildung 12 dargestellte Auszahlungsprofil.[109]

---

[105] Braun bezieht hier auch den Fall M = 1 mit ein. Vgl. Braun, 1995, S. 867. Hierzu ist allerdings anzumerken, daß sich die CPPI in einem solchen Fall in keiner Weise von einer reinen Buy-and-Hold-Strategie unterscheiden würde; vgl. Perold/Sharpe, 1995, S. 154. Das Vermögen wäre über die gesamte Laufzeit in Höhe des Floor z.B. in Termingeld und in Höhe des verbleibenden Cushion z.B. in Aktien investiert, ohne daß jemals eine Umschichtung stattfände. Der ursprünglich dynamische Charakter der Strategie ginge somit verloren.

[106] Vgl. Black/Jones, 1988, S. 35.

[107] Vgl. Leland, 1980, S. 582.

[108] Vgl. Auckenthaler, 1994, S. 233.

[109] Auf die Festlegung des von Black und Jones vorgeschlagenen Toleranzwertes soll an dieser Stelle verzichtet werden.

Umschichtungs-zeitpunkt	Aktienkurs-veränd.	Indexwert in GE	CPPI (M=5, F=900000)		
			Vermögen in GE	Akienanteil in GE	Termingeld in GE
0. Woche		1.000.000	1.000.000	500.000	500.000
1. Woche	3,80%	1.038.019	1.019.750	598.751	420.999
2. Woche	1,41%	1.052.697	1.028.840	644.200	384.640
3. Woche	0,49%	1.057.825	1.032.548	662.740	369.808
4. Woche	2,77%	1.087.179	1.051.487	757.433	294.054
5. Woche	-1,84%	1.067.197	1.038.001	690.003	347.998
6. Woche	-2,67%	1.038.727	1.020.108	600.541	419.567
7. Woche	-4,99%	986.914	990.774	453.871	536.903
8. Woche	-2,38%	963.395	980.753	403.766	576.987
9. Woche	-5,21%	913.174	960.560	302.799	657.761
10. Woche	-3,29%	883.112	951.566	257.829	693.737
11. Woche	-3,48%	852.343	943.610	218.051	725.560
12. Woche	-1,72%	837.666	940.930	204.650	736.280
13. Woche	-2,91%	813.263	936.059	180.293	755.766

Abbildung 12: Index vs. CPPI bei wöchentlicher Revision

Wie bereits im Rahmen der Diskussion der Stop-Loss-Strategie gezeigt, entwickelt sich der Index zum Nachteil des Anlegers und unterschreitet in der 10. Woche den von ihm definierten Floor. Bei Anwendung der CPPI hingegen wird die Teilnahme an dieser Abwärtsbewegung durch ein Umschichten von der Aktien- in die Termingeldposition sichtlich gemildert und das realisierte Endvermögen liegt oberhalb der geforderten 900000 GE. Die grafische Darstellung der obigen Daten verdeutlicht die Entwicklung von risikoreichem und risikolosem Asset:

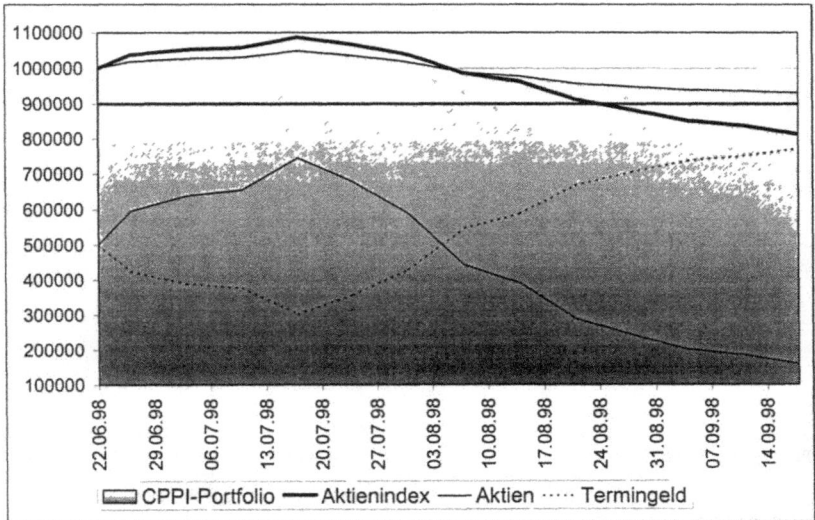

Abbildung 13: Die Funktionsweise der CPPI

Anhand von Abbildung 13 offenbart sich die Verwandtschaft der CPPI zu den bisher vorgestellten Portfolio Insurance-Strategien und insbesondere zum Synthetischen Put.[110] Der anfangs noch steigende Kurs des Risikoassets führt zu einem ebenfalls steigenden Exposure, das seinen Maximalwert am Ende der vierten Woche mit über 750000 GE erreicht. Auf die anschließenden Kursverluste reagiert die CPPI mit einer Umschichtung in die risikolose Position, die am Ende der Laufzeit ca. 80% des verbleibenden Vermögens ausmacht.

Auch hier findet also eine prozyklische Anpassung der Portfoliostruktur an die aktuelle Marktentwicklung statt – das bereits im zweiten Kapitel angesprochene typische Verhaltensmuster eines Portfolio Insurance nachfragenden Anlegers. Das gleiche Ergebnis läßt sich auch auf analytischem Wege herleiten. So betrachtet Kingston[111] die CPPI als den Spezialfall eines von Merton formulierten Nutzenmaximierungsproblems[112] und zeigt, daß unter bestimmten Voraussetzungen *„a rational investor will demand CPPI if and only if his or her preferences manifest declining absolute and relative risk aversion."*[113]

3.3.4.3 Die Rolle des Multiplikators

Von besonderem Interesse im Rahmen dieser Diskussion ist die Rolle des Multiplikators. Wie bereits angedeutet, kann dieser als Ausdruck der Risikobereitschaft des Anlegers interpretiert werden. Er hat damit entscheidenden Einfluß auf die „Aggressivität" der CPPI bzw. auf die Konvexität des aus ihr resultierenden Auszahlungsprofils.[114]

Um die Wirkung des Multiplikators zu verdeutlichen, soll noch einmal auf das Beispiel aus dem letzten Abschnitt zurückgegriffen werden, allerdings in einer geringfügig modifizierten Form. Unterstellt wird nun ein Kurssturz von ca. 25% in der 8. Woche der Planungsperiode.

Betrachtet man jetzt die Performance der CPPI-Strategie für die alternativen Multiplikatoren 2, 4 und 6, so wird deutlich, daß der plötzliche Kursverlust im Falle der beiden erstgenannten keine Auswirkungen auf die Absicherungswirkung zu haben scheint. Beide Strategien konnten den vorgegebenen Floor halten. Die mit einem Multiplikator von 6 aggressivste Strategie jedoch durchbricht in dieser Situation den Floor und hat – aufgrund der vollständigen Umschichtung in das

---

[110] „CPPI is a modified put replication strategy." Choie/Seff, 1989, S. 107.
[111] Vgl. Kingston, 1988.
[112] Vgl. Merton, 1971, insbes. S. 388 ff.
[113] Kingston, 1988, S. 5. Kursivdruck im Original. Black/Perold betonen, die CPPI für den hier unterstellten Anleger nutzenmaximal ist, sofern eine uneingeschränkte Kreditfinanzierung möglich ist und Transaktionskosten nicht existieren. Wird eine Kreditfinanzierung ausgeschlossen, so ist die Strategie nur noch für Teilbereiche der (HARA-) Nutzenfunktion optimal. Vgl. Black/Perold, 1992, S. 404.
[114] Vgl. Bossert/Burzin, 1998, S. 224.

risikolose Asset – in der Folge keine Chance mehr, den realisierten Verlust bis zum Laufzeitende noch auszugleichen.

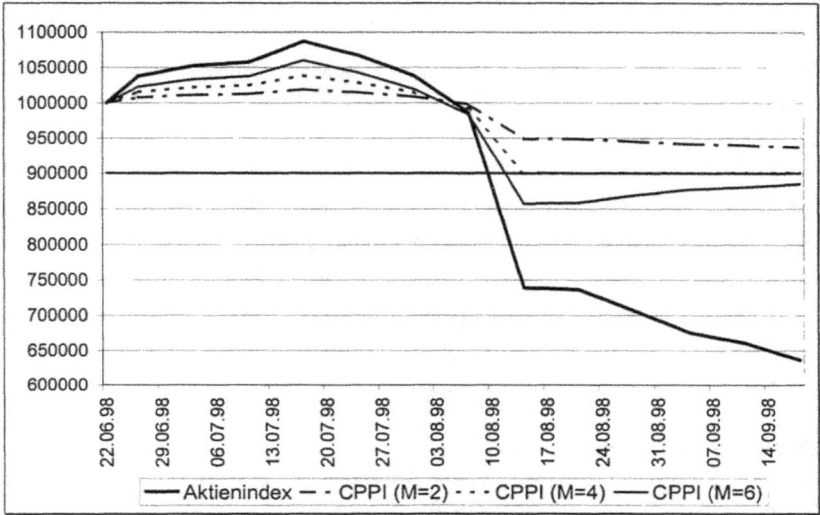

Abbildung 14: CPPI bei alternativen Multiplikatoren

Anscheinend gibt es also Marktsituationen, in denen die CPPI den im Hinblick auf die Absicherungswirkung an sie gestellten Anforderungen nicht gerecht werden kann. Die Hauptursache hierfür ist in der im obigen Beispiel zugrundegelegten zeitdiskreten Betrachtung zu suchen. Im Kontext einer stetigen Portfoliorevision sowie aller übrigen, von den der Optionspreistheorie entlehnten Modellen vorausgesetzten Bedingungen (Black/Scholes) hält auch die CPPI den Floor mit absoluter Sicherheit. Es läßt sich sogar zeigen, daß die Strategie in diesem Fall zu einer pfadunabhängigen wird.[115] Bei diskreter Betrachtung hingegen erhöht sich der Grad der Pfadabhängigkeit mit der Länge des zwischen zwei Portfolioanpassungen liegenden Zeitintervalls. Bezüglich der Absicherungswirkung gilt hier gewissermaßen als Faustregel: Ist der prozentuale Kursverlust des Risikoassets größer als der Kehrwert des gewählten Multiplikators, so kann der Floor von der CPPI nicht mehr garantiert werden. In formaler Schreibweise muß also zur Erhaltung des Floor jederzeit gelten:[116]

$$\frac{1}{M} < r_{neg} \qquad \text{(Gleichung 14)}$$

---

[115] Vgl. Braun, 1995, S. 870 f.
[116] Vgl. Bossert/Burzin, 1998, S. 228.

32

wobei r_{neg} = prozentualer Kursverlust des Risikoassets

Im obigen Beispiel mit einem Kurssturz von 25% konnten daher die Multiplikatoren von 2 und 4 mit den kritischen Werten von 50% (=½) und 25% (=¼) den Verlust auffangen, während der Multiplikator von 6 mit 16,67% hierzu nicht mehr ausreichend war.

In diesem Zusammenhang erscheint auch die gelegentlich anzutreffende Aussage, einer der Vorteile der CPPI gegenüber den optionspreistheoretisch fundierten Ansätzen liege darin, daß ihre Implementierung keine Schätzung der zukünftigen Volatilität erfordere, in einem neuen Licht. Will ein Anleger nämlich ein Unterschreiten des Floor vermeiden, so ist er sehr wohl gezwungen, sich ein Urteil über die zukünftigen Kursschwankungen seines Risikoassets zu bilden. Schätzt er diese falsch ein, so wählt er unter Umständen einen unpassenden Multiplikator und läuft entweder Gefahr, die gewünschte Mindestrendite zu unterschreiten (bei zu hohem M), oder aber an Kursanstiegen in geringerem Ausmaß zu partizipieren als eigentlich nötig (bei zu kleinem M). Im Ergebnis ist somit die Rolle der Volatilität bei CPPI und beispielsweise Synthetischem Put durchaus vergleichbar.

3.3.4.4 Ansätze zur Modifikation des Multiplikators

Vor dem Hintergrund dieser Schwachstelle der CPPI ergibt sich die Frage nach der Art der Bestimmung des Multiplikators. In der theoretischen Diskussion wird vorgeschlagen, seine Höhe insbesondere von drei Faktoren abhängig zu machen: „The CPPI investor's multiple should be directly proportional to the risk premium. It should be inversely proportional to the curvature of the utility function and to the variance of the return on the risky asset."[117]

Auch hier wird also der bereits angesprochene Einfluß der Volatilität auf die „korrekte" Höhe des Multiplikators problematisiert. Die in der Literatur zu findenden Implementierungen der CPPI hingegen sind in bezug auf die Lösung dieses Problems oft wenig hilfreich. Dort wird der Multiplikator in aller Regel exogen gesetzt und über die Absicherungsperiode konstant gehalten. Konkrete Aussagen zur Begründung seiner jeweils gewählten Höhe sind ausgesprochen selten.

Im Rahmen dieser Arbeit soll daher ein vergleichsweise einfacher Ansatz vorgestellt werden, der das M auf Basis historischer Volatilitäten bestimmt und außerdem während der Laufzeit der Strategie dynamisch anpaßt.[118] Ausgangspunkt der Überlegungen ist die in Gleichung 14

---

[117] Kingston, 1988, S. 5. Den Zusammenhang zwischen der Volatilität und der Höhe des Multiplikators betonen auch Black/Jones, 1987, S. 49 sowie 1988, S. 35.
[118] Die Idee zur hier vorgeschlagenen Dynamisierung des Multiplikators entstand im Rahmen eines Diplomanden- und Doktorandenkolloquiums an der Universität Bremen. Unabhängig hiervon haben sich bereits andere Autoren mit einer

aufgestellte Bedingung. Gemäß dieser Gleichung ist der maximal für M zu wählende Wert genau gleich dem Kehrwert des maximal möglichen Kurssturzes. Als Schätzer hierfür soll in diesem Fall die über einen bestimmten Zeitraum ermittelte historische Volatilität σ_S (annualisierte, prozentuale Standardabweichung) gelten, was implizit eine gewisse Zeitstabilität dieses Parameters voraussetzt.[119] Dieses σ_S repräsentiert nun die Bandbreite um den Mittelwert, innerhalb derer sich der Kurs des riskanten Assets mit einer Wahrscheinlichkeit von ca. 68% bewegt.[120] Dementsprechend stellt der Kehrwert der ermittelten Volatilität den Wert dar, den M mindestens annehmen muß, um mit einer Wahrscheinlichkeit von 84%[121] den Floor zu halten. Dieser Wert kann nun durch Multiplikation mit einem individuellen Faktor x dem Absicherungsbedürfnis des Anlegers angepaßt werden[122], was zu folgender Modifikation von Gleichung 14 führt:

$$M = \frac{1}{\sigma_S x}$$ (Gleichung 15)

Im Moment unterscheidet sich dieses Konzept noch wenig von der ursprünglichen CPPI, denn schließlich wurde lediglich der Multiplikator M (bzw. sein Kehrwert) in zwei separate Faktoren aufgespalten. Die wesentliche Neuerung besteht nun darin, daß die Volatilität über ein rollierendes Zeitfenster bestimmt wird, und zwar fortlaufend über die gesamte Absicherungsperiode. Die Volatilität zum Zeitpunkt t_n ergibt sich also aus den Kursschwankungen der letzten k Perioden t_{n-1}, t_{n-2}, ..., t_{n-k} (eventuell mit einer Höhergewichtung der aktuelleren Ereignisse). Auf diese Weise kommt es zu einer Dynamisierung des Multiplikators M, der in Zeiten zunehmender Volatilität herunter- und in Zeiten sinkender Volatilität heraufgefahren wird.[123] Die hinter diesem Ansatz stehende Annahme besteht darin, daß ein Investor eher in Kauf nehmen kann, im Falle positiver Kursbewegungen nicht im Risikoasset investiert zu sein (sog. Fehler 2. Art oder β-Fehler[124]), als von Kursverlusten betroffen zu sein und den Floor zu unterschreiten (sog. Fehler 1. Art oder α-

---

solchen Möglichkeit beschäftigt (vgl. z.B. Ebertz/Schlenger,1995, S. 306), eine der im Rahmen dieser Arbeit gewählten Vorgehensweise ähnliche Umsetzung dieses Gedankens in der Literatur ist dem Verfasser jedoch nicht bekannt.
[119] Im empirischen Teil dieser Arbeit wird beim Test der Strategie die historische Volatilität über 20 Börsentage ermittelt.
[120] Vgl. Steiner/Bruns, 1996, S. 57.
[121] Dies ergibt sich aufgrund der Annahme einer symmetrischen Verteilung aus: 68% + (100% - 68%) / 2 = 84%.
[122] So kann beispielsweise durch eine Multiplikation mit dem Faktor 2 erreicht werden, daß die Kursbewegungen des Risikoassets mit einer Wahrscheinlichkeit von ca. 95% innerhalb der sich ergebenden Bandbreite liegen. Vgl. Steiner/Bruns, 1996, S. 57. Die Idee zur hier gewählten Vorgehensweise entstammt dem Artikel von Schalow, 1996. Dort wurde der Frage nachgegangen, auf welche Art das Niveau des Floor bei Verfolgung einer Stop-Loss-Strategie sinnvollerweise bestimmt werden sollte.
[123] Sicherlich wären auch andere, „anspruchsvollere" Verfahren der Volatilitätsschätzung einsetzbar. Hier bietet sich dem Portfolio Insurer eine breite Palette denkbarer Vorgehensweisen, deren Diskussion allerdings nicht Gegenstand dieser Arbeit sein soll.
[124] Vgl. Bleymüller/Gehlert/Gülicher, 1994, S. 101 f.

Fehler[125]).[126] Inwiefern sich die Performance einer solchen Strategie von der einer "normalen" CPPI unterscheidet, wird im empirischen Teil dieser Arbeit näher zu untersuchen sein.

Einen ähnlichen Ansatz schlagen Ebertz und Schlenger[127] vor, die den Multiplikator um eine antizyklische Komponente ergänzen und damit ebenfalls dynamisieren. Ihrer Vorgehensweise folgend wird zunächst eine Trendkurve für das Risikoasset berechnet. Liegt das aktuelle Marktniveau dann oberhalb des Trends, so wird der Multiplikator abgesenkt, im entgegengesetzten Fall erhöht. Dieser Ansatz baut auf der als Mean Reversion bekannten Annahme auf, daß einer Kursbewegung in eine Richtung tendenziell eine Korrektur in die entgegengesetze Richtung folgt. Es ist allerdings fraglich, ob eine solche Strategie der eben vorgestellten überlegen ist, da insbesondere im kurzfristigen Bereich eher eine (wenn auch geringe) positive Korrelation aufeinanderfolgender Wertpapierrenditen festgestellt werden konnte. Lediglich bei längerem Zeithorizont (ca. 2 Jahre und mehr) finden sich Hinweise auf das Vorliegen einer Mean Reversion.[128] Vor diesem Hintergrund ist es unwahrscheinlich, daß sich bei CPPI-Strategien mit beispielsweise täglicher, wöchentlicher oder auch monatlicher Revision allein durch das Hinzufügen einer antizyklischen Komponente eine verbesserte Performance erreichen läßt.

3.3.5 Die Time-Invariant Portfolio Protection (TIPP)

Viele Autoren, darunter auch Black und Jones, sehen den Hauptvorteil der CPPI in ihrer Flexibilität: „You can even change your floor, your multiple, and your tolerance to fit changes in your circumstances or changes in market conditions."[129] Eben die hier hervorgehobene Flexibilität in bezug auf den Floor führte schließlich zu einer Weiterentwicklung dieser Strategie zur sogenannten Time-Invariant Portfolio Protection (TIPP).[130]

Im Grunde weichen beide Ansätze lediglich in einem Punkt voneinander ab: Anders als bei der CPPI wird im Falle der TIPP der Floor bei steigendem Portfoliowert (aufgrund von Kursgewinnen des Risikoassets) derart angehoben, daß ein zuvor festgelegtes Verhältnis der beiden Größen zueinander erhalten bleibt. Sinkt der Wert des Portfolios, verharrt der Floor auf dem einmal erreichten Niveau. Aufgrund dieser Vorgehensweise entspricht die TIPP nach Meinung ihrer Entwickler Estep und Kritzman eher den Bedürfnissen eines Portfolio Insurance-Nachfragers als

---

[125] Vgl. Bleymüller/Gehlert/Gülicher, 1994, S. 101 f.
[126] Vgl. Schalow, 1996, S. 59.
[127] Vgl. Ebertz/Schlenger,1995, S. 306. Die Autoren beziehen sich dort insbesondere auf die später noch darzustellende TIPP-Strategie, ihr Ansatz läßt sich jedoch ohne weiteres auch auf die CPPI übertragen.
[128] Vgl. Elton/Gruber, 1995, S. 414 ff sowie Fama, 1991, S. 1578 ff. Zur Anwendung zyklischer und antizyklischer Strategien am deutschen Aktienmarkt vgl. Schiereck/Weber, 1995.
[129] Black/Jones, 1987, S. 51.
[130] Vgl. Estep/Kritzman, 1988.

beispielsweise die Protective Put-Replikation oder die CPPI: „The whole notion of portfolio insurance is based on the premise that an investor's attitude toward risk takes current wealth into account. [...] In truth, when prices are rising the investor is always concerned about protecting today's fund value, not the value at some arbitrary date in the past. The investor's true utility is best matched by ratcheting the floor upward according to the TIPP rule, so that protection is geared to replacement cost rather than some arbitrarily chosen historical value."[131]

Es wird deutlich, daß die TIPP von einer geringfügig anderen – wenn auch intuitiv durchaus plausiblen – Zielsetzung ausgeht als die bisher betrachteten Strategien. Daher muß in diesem Zusammenhang auch betont werden, daß ein direkter Vergleich der TIPP beispielsweise mit der Protective Put-Replikation nur von eingeschränkter Aussagekraft sein kann.[132] Ungeachtet dessen erscheint eine Gegenüberstellung der übrigen Portfolio Insurance-Konzepte mit der TIPP gerechtfertigt, sofern das Hauptaugenmerk auf ihre Eignung zur Garantie eines zu Beginn der Absicherungsperiode definierten Mindestvermögens gelegt wird. In bezug auf diese Zielsetzung besteht zwischen den genannten Konzepten kein Unterschied, da sie von der in diesem Punkt restriktiveren Intention der TIPP letztlich eingeschlossen wird. Hiermit erklärt sich auch die Berücksichtigung der Time-Invariant Portfolio Protection im nachfolgenden empirischen Teil dieser Arbeit.

---

[131] Estep/Kritzman, 1988, S. 41.
[132] „The implication is that one must compare TIPP with a put program that buys or replicates a new, say, at-the-money option whenever TIPP calls for a higher floor." Choie/Seff, 1989, S. 107.

4 Empirische Studien zur Portfolio Insurance

4.1 Empirische Studien in der Literatur – Ein Überblick

4.1.1 Systematisierung

In der Literatur zum Thema Portfolio Insurance findet sich eine Vielzahl empirischer Studien, in denen die verschiedenen Strategien auf ihre Tauglichkeit für einen Einsatz in der Praxis hin untersucht werden. Grundsätzlich lassen sich hier zwei Arten von Studien unterscheiden: solche, die auf Grundlage in der Realität beobachteter Finanzmarktdaten durchgeführt werden, und sogenannte Monte Carlo-Simulationen. Im folgenden soll auf einige Vertreter beider Typen eingegangen werden.

4.1.2 Untersuchungen auf Basis realer Daten

4.1.2.1 Allgemeines

Die meisten der zum Thema Portfolio Insurance bislang durchgeführten Studien, die sich realer Finanzmarktdaten bedienen, beziehen sich auf den nordamerikanischen Aktienmarkt. Das Risikoasset wird im Rahmen solcher Studien zumeist durch den S&P 500 repräsentiert, die risikolose Anlage durch eine Investition in Termingeld.[134] Eine kurze Zusammenfassung einiger dieser Studien findet sich bei Hohmann.[135]

An dieser Stelle soll lediglich auf einzelne Untersuchungen neueren Datums eingegangen werden, die sich insbesondere mit dem Einsatz verschiedener Portfolio Insurance-Strategien am deutschen Aktienmarkt beschäftigen.

4.1.2.2 Die Untersuchung von Albrecht/Maurer/Stephan

Albrecht, Maurer und Stephan analysieren für den Zeitraum von 1960 bis 1993 den Erfolg eines Protective Put mit dem Deutschen Aktien-Performanceindex DAFOX als Risikoasset.[136] Sie unterscheiden zwischen einer von ihnen als Fixed-Percentage-Strategie bezeichneten, monatlich rollierenden Protective Put-Strategie und einer sogenannten Ratchet-Strategie. Letztere stellt eine Variation des Protective Put dar, bei der das Absicherungsniveau ähnlich wie im Falle der TIPP dynamisch angehoben wird. Sie kommen in ihrer Studie zu dem Ergebnis, daß diese Ratchet-Strategie der Fixed-Percentage-Strategie hinsichtlich der Absicherungswirkung überlegen ist, dabei

---

[133] Krugman/Obstfeld, 1997, S. 653.
[134] Vgl. z.B. Bookstaber, 1985, Black/Jones, 1987 und 1988, Estep/Kritzman, 1988 sowie Aschinger, 1993.
[135] Vgl. Hohmann, 1996, S. 262 ff.
[136] Vgl. Albrecht/Maurer/Stephan, 1995.

jedoch zu einem geringeren Erwartungswert der Renditen führt. Auch ein Test beider Ansätze in einer kürzeren, von hohen Aktienrenditen gekennzeichneten Subperiode des Beobachtungszeitraums von Anfang 1980 bis Ende September 1987 liefert das gleiche Resultat, wobei die Autoren jedoch betonen, daß während in diesem Fall die Ratchet-Strategie „aufgrund des mit ihr verbundenen hohen Absicherungsniveaus einen doch stark gedrückten Mittelwert aufweist, [...]die Put-Hedge-Fixed-Percentage-Strategie nur zu vergleichsweise geringen Renditeeinbußen"[137] führt.

4.1.2.3 Die Untersuchung von Hohmann

Eine deutlich umfangreichere Studie findet sich bei Hohmann.[138] Er untersucht die Wirkung des Synthetischen Put, der Stop-Loss-[139] und der CPPI-Strategie am deutschen Aktienmarkt für den Zeitraum vom 23.11.1990 bis zum 13.08.1992. Das risikoreiche Asset wird vom Deutschen Aktienindex (DAX) repräsentiert. In seiner Studie untersucht Hohmann die Performance der verschiedenen Strategien sowohl ohne als auch mit Berücksichtigung von Transaktionskosten. Außerdem geht er der Frage nach, welche Veränderungen sich ergeben, wenn er statt des Aktienkaufs und -verkaufs am Kassamarkt auf die im Hinblick auf die Transaktionskosten günstigeren DAX-Futures zurückgreift.[140]

Im Falle des Synthetischen Put konnte der Floor in allen betrachteten Szenarien gehalten werden[141], die Rendite dieses Portfolio Insurance-Verfahrens lag jedoch unterhalb der eines reinen Buy-and-Hold. Wurden Transaktionskosten nicht beachtet, so führten die Strategien am Kassa- und am Terminmarkt zu ähnlichen Ergebnissen. Bei Berücksichtigung von Transaktionskosten hingegen lag die Rendite der reinen Kassamarktstrategie deutlich niedriger als diejenige der Strategie am Terminmarkt.[142]

Der Erfolg der Stop-Loss-Strategie erweist sich als stark abhängig von der Wahl des Stop-Loss-Kurses. Bei negativer Marktentwicklung war dieses Verfahren im Gegensatz zum Synthetischen Put weder vor noch nach Transaktionskosten geeignet, die geforderte Mindestrendite zu garantieren.

---

[137] Albrecht/Maurer/Stephan, 1995, S. 241.
[138] Vgl. Hohmann, 1996, S. 272 ff.
[139] Bei dem von Hohmann untersuchten Stop-Loss-Ansatz handelt es sich um eine sogenannte Stop-Loss-Start-Gain-Strategie. Der Unterschied zum in dieser Arbeit dargestellten Verfahren besteht darin, daß bei dieser Variante das Portfoliovermögen wieder komplett in das risikobehaftete Asset investiert wird, sobald dessen Kurs den Stop-Loss-Kurs übersteigt.
[140] Auf eine detaillierte Darstellung der von Hohmann zugrundegelegten Rahmenbedingungen soll an dieser Stelle verzichtet werden.
[141] In Anbetracht des von ihm untersuchten Zeitraums kann dies allerdings nicht sonderlich überraschen.
[142] Vgl. Hohmann, 1996, S. 285 ff.

Wie bereits beim Synthetischen Put bemerkt, konnten allerdings durch den Einsatz von Futures die anfallenden Transaktionskosten verringert werden.[143]

Die Untersuchung der CPPI erfolgte bei einem Floor von 95% des Anfangsinvestments für die Multiplikatoren $M_1=2,5$, $M_2=5$ und $M_3=10$. Lediglich im letztgenannten Fall wurde die geforderte Mindestrendite unterschritten, wobei jedoch alle drei Varianten sowohl vor als auch nach Transaktionskosten eine höhere Rendite erzielten als die anderen Ansätze inklusive des reinen Buy-and-Hold. Außerdem stellte Hohmann fest, daß mit ansteigendem Multiplikator (also zunehmender „Aggressivität" der Strategie) die Rendite am Ende des Absicherungszeitraums sank.[144]

4.1.2.4 Die Untersuchung der DG BANK

Den Erfolg einer Anwendung der CPPI am deutschen Aktienmarkt untersuchte auch die DG BANK.[145] Für einen Zeitraum von 22 Jahren (beginnend im Januar 1973) wurde die Performance einer jährlich neu initialisierten CPPI für verschiedene Parameter ermittelt. Unterschieden wurde insbesondere zwischen einer defensiven Strategie mit einem Multiplikator von 3 und einem Floor von 90% und einer offensiven Strategie mit Multiplikator 5 und Floor 80%. In beiden Fällen wurde der Floor im Laufe des Jahres dynamisch bis auf 100% des Startkapitals angehoben. Das risikoreiche Investment wurde durch den DAX repräsentiert, als risikolos galt eine Anlage in Termingeld. Alternativ hierzu wurde – unter Inkaufnahme eines leicht erhöhten Risikos – auch eine Strategie mit dem Deutschen Rentenindex (REX) als risikoarmer Anlagemöglichkeit untersucht. Ausgehend von einem Anlagebetrag von 100 DM lieferten alle betrachteten CPPI-Strategien eine höhere Rendite als ein reines Buy-and-Hold des DAX mit einem Portfolioendwert von 371 DM, wobei die offensive Variante der CPPI mit den Anlagealternativen DAX und REX mit rund 868 DM das beste Ergebnis erzielen konnte. Auch hinsichtlich des Risikos bezeichnet die DG BANK die untersuchten CPPI-Strategien als einem reinen Aktieninvestment überlegen.[146]

In bezug auf die Allgemeingültigkeit der Ergebnisse der Studie erscheinen jedoch insbesondere aus zwei Gründen Zweifel angebracht. Zum einen sind, wie im zweiten Teil dieser Arbeit bereits gezeigt, die Renditen des Portfolios bei Anwendung der CPPI nicht normalverteilt, sondern folgen vielmehr einer rechtsschiefen Verteilung. Damit aber stellt sich die von der DG BANK gewählte Standardabweichung als symmetrisches Risikomaß zur Beurteilung dieser Strategien als nicht mehr

---

[143] Vgl. Hohmann, 1996, S. 298 ff.
[144] Vgl. Hohmann, 1996, S. 307 ff.
[145] Vgl. DG BANK, 1995.
[146] Vgl. DG BANK, 1995, S. 9 f.

geeignet heraus, womit auch die auf ihrer Basis gezogenen Schlußfolgerungen an Bedeutung verlieren.[147]

Zum anderen erweist sich der Portfolioendwert als in hohem Maße abhängig von der Wahl des Anfangszeitpunkts der Strategie. Wie aus den Daten der DG BANK hervorgeht, erzielte der DAX im ersten Jahr der Studie eine deutlich negative Rendite, während er sich in den folgenden neun Jahren bis auf wenige Ausnahmen seitwärts bewegte und erst im Jahr 1983 in einen Aufwärtstrend überging.[148] Angenommen, die gleiche Untersuchung hätte erst ein Jahr später, also im Januar 1974 begonnen, so hätte sich ein komplett anderes Resultat ergeben. Das Buy-and-Hold wäre dann in bezug auf den Ertrag den meisten CPPI-Implementierungen überlegen gewesen.

Diese Überlegungen verdeutlichen die Problematik eines Tests von Portfolio Insurance-Strategien auf Basis realer Daten und unterstreicht auch Benningas Schlußfolgerung: „In a sense every evaluation against actual data, no matter how illuminating, is a special case."[149] Vor diesem Hintergrund können derartige Studien zwar Anhaltspunkte für die Wirkungsweise von Portfolio Insurance-Strategien in bestimmten Situationen liefern, ermöglichen jedoch nur selten verläßliche Aussagen hinsichtlich der von ihnen zu erwartenden Performance, oder genauer, ihrer Möglichkeiten und Grenzen im Praxiseinsatz.

4.1.3 Monte Carlo-Simulationen

4.1.3.1 Grundgedanke

Ein repräsentativeres Bild der Leistungsfähigkeit von Portfolio Insurance-Strategien in der Praxis verspricht der Einsatz von Monte Carlo-Simulationen. Anstelle historischer Daten werden bei dieser Technik „künstlich" erzeugte Zeitreihen verwendet, deren Berechnung auf Grundlage eines als realitätsnah vermuteten Renditegenerierungsprozesses erfolgt. Derartige Simulationen basieren somit auf einer unterstellten Wahrscheinlichkeitsverteilung der Renditen (beispielsweise einer Normalverteilung), aus der dann wiederholt Stichproben gezogen werden.[150] Kritzman beschreibt das Grundprinzip der Monte Carlo-Simulation wie folgt: „To solve a model numerically, we try out various values for the model's parameters and variables. When the values we use come from a succession of random numbers, the numerical solution is called a Monte Carlo simulation."[151] Der Vorteil des angesprochenen Verfahrens liegt darin, daß auf diese Weise beliebig viele

---

[147] Auf ein in diesem Zusammenhang geeignet erscheinendes Risikomaß wird im späteren Verlauf dieses Kapitels noch ausführlich eingegangen werden.
[148] Vgl. DG BANK, 1995, S. 8, insbes. Abbildung 4.
[149] Benninga, 1990, S. 20.
[150] Vgl. Bossert/Burzin, 1998, S. 232.
[151] Kritzman, 1993, S. 17.

Simulationsläufe durchgeführt werden können, was die (zumindest näherungsweise) Bestimmung der Verteilung der zu untersuchenden Portfolio Insurance-Strategie ermöglicht.[152]

Dies erklärt, warum sich die auf Basis von Monte Carlo-Simulationen durchgeführten Untersuchungen in der Literatur zur Portfolio Insurance einer derart großen Beliebtheit erfreuen.[153] Im folgenden sollen exemplarisch zwei dieser Studien vorgestellt werden.

4.1.3.2 Die Untersuchung von Benninga

Eine umfangreiche Untersuchung der Performance verschiedener Portfolio Insurance-Strategien stammt von Benninga.[154] Er vergleicht die Stop-Loss-Strategie mit dem Synthetischen Put und der CPPI, wobei insbesondere die Kriterien Portfolioendwert, Standardabweichung des Portfolioendwerts, Sharpe Ratio[155], Schiefe und Transaktionskosten im Vordergrund stehen.

Durch ihre Konzeption als Monte Carlo-Simulation ergibt sich bei dieser Studie ein breiterer Einblick in die Wirkungsweise von Portfolio Insurance-Strategien als im Falle der bisher angesprochenen Untersuchungen. So offenbart die von Benninga vorgenommene Betrachtung der Portfolioendwerte für verschiedene Floorniveaus beispielsweise, daß der von Hohmann[156] festgestellte Zusammenhang eines sinkenden Renditeerwartungswerts bei zunehmender Aggressivität der Strategie lediglich für einen Floor zwischen 85 und 105 Prozent des Anfangsinvestments angetroffen werden kann. Bei niedrigeren Absicherungsniveaus hingegen kehrt sich dieses Verhältnis um und die Strategien mit höherem Multiplikator lassen eine höhere Rendite erwarten. Hinsichtlich dieses Kriteriums bleiben sie allerdings unterhalb eines Floor von 95% auch hinter dem Wert eines Synthetischen Put zurück, der seinerseits über alle betrachteten Szenarien deutlich von der Stop-Loss-Strategie dominiert wird.[157]

---

[152] Vgl. Bossert/Burzin, 1998, S. 232.
[153] Vgl. für einige Beispiele Etzioni, 1986, Clarke/Arnott, 1987, Hill/Jain/Wood, 1988, Dreher, 1988, Bird/Dennis/Tippett, 1988 sowie Zhu/Kavee, 1988. Ein Überblick über die Ergebnisse dieser und einiger anderer Untersuchungen findet sich bei Hohmann, 1996, S. 255 ff. Eine weitere, umfangreichere Monte Carlo-Simulation, auf die hier allerdings nicht näher eingegangen werden soll, stammt von Bird/Cunningham/Dennis/Tippett, 1990.
[154] Vgl. Benninga, 1990.
[155] Die Sharpe Ratio errechnet sich aus der Formel $\frac{E(\text{Portfolioendwert}) - (\text{Anfangswert} \cdot e^{\text{risikofreierZins}})}{\sigma_{\text{Portfolioendwert}}}$ und steht für die risikoadjustierte Überschußrendite des Portfolios. Vgl. Benninga, 1990, S. 24.
[156] Vgl. Hohmann, 1996, S. 322.
[157] Vgl. Abbildung 15.

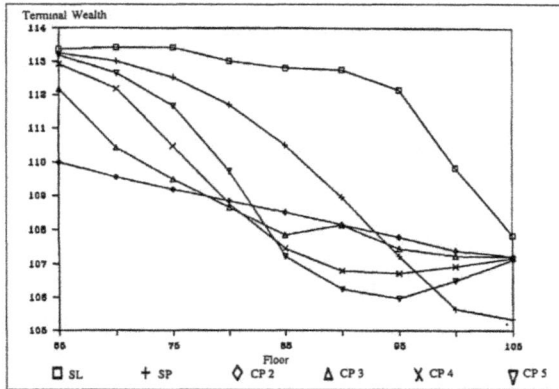

| □ SL | + SP | ◊ CP 2 | Δ CP 3 | X CP 4 | ▽ CP 5 |

Abbildung 15: Vergleich der Periodenendwerte von SL, SP und CPPI bei Benninga[158]

Neben dem Kriterium der Höhe des zu erwartenden Periodenendwerts ist ferner die Untersuchung der mit den einzelnen Strategien verbundenen Transaktionskosten von besonderem Interesse. Sowohl für den Stop-Loss-Ansatz als auch für den Synthetischen Put steigen die Kosten mit zunehmendem Floor an, jedoch erfolgt dieser Anstieg im Falle der letztgenannten Strategie mit deutlich größerer Geschwindigkeit und erreicht sein Maximum bei einem Floor von 100%. Der Grund hierfür liegt darin, daß bei Verfolgung der Strategie des Synthetischen Put mit steigendem Floor ein größerer Teil des Vermögens risikofrei investiert wird und gleichzeitig das Volumen der Transaktionen wächst. Die Zunahme der Transaktionskosten im Falle der Stop-Loss-Strategie resultiert vor allem aus der mit höherem Floor größeren Wahrscheinlichkeit einer Umschichtung in die risikofreie Anlage und dem zugleich höheren Preis des zum Verkauf stehenden Risikoassets.[159]

Die Transaktionkosten der verschiedenen CPPI-Varianten liegen ebenfalls deutlich über denen des Stop-Loss-Ansatzes, erreichen allerdings ihren Maximalwert bereits bei Floor-Werten mittlerer Höhe. Sowohl für sehr hohe als auch für sehr niedrige Absicherungsniveaus bleiben die Transaktionskosten vergleichsweise gering.[160]

---

[158] Vgl. Benninga, 1990, S. 23. SL=Stop-Loss, SP=Synthetischer Put, CP [2;3;4;5]=CPPI mit Multiplikatoren von 1 bis 5.
[159] Vgl. Benninga, 1990, S. 26.
[160] Vgl. Abbildung 16. Benninga merkt an, daß sich auch für die CPPI mit M=2 prinzipiell die gleiche Entwicklung ergibt. Da allerdings in diesem Fall die Transaktionskosten ihr Maximum bei einem Floor unterhalb von 65% erreichen, kann diese Analogie anhand der obigen Abbildung allein nicht nachvollzogen werden. Vgl. Benninga, 1990, S. 26.

42

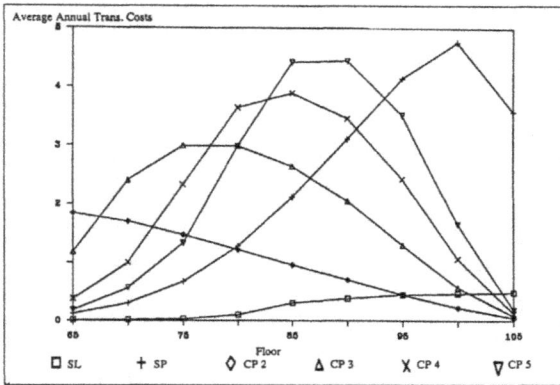

Abbildung 16: Transaktionskosten von SL, SP und CPPI[161]

Die von Benninga ebenfalls vorgenommene Betrachtung der Sharpe Ratio der einzelnen Strategien zeigt auch in diesem Punkt eine Dominanz des Stop-Loss-Ansatzes.[162]

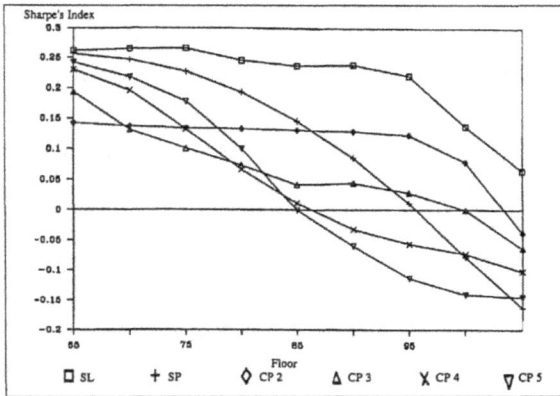

Abbildung 17: Vergleich der Sharpe Ratios von SL, SP und CPPI[163]

Mit zunehmendem Floor sinkt zugleich der Wert dieser Kennzahl und wird spätestens bei einem Absicherungsniveau von 105% für die beiden dynamischen Strategien negativ. Das in diesem Fall schlechteste Ergebnis erzielt der Synthetische Put mit einer Sharpe Ratio von -0,15, gefolgt von den verschiedenen CPPI-Strategien (wobei sich die Ergebnisse mit abnehmender Aggressivität der

---

[161] Vgl. Benninga, 1990, S. 25.
[162] Vgl. Abbildung 17.
[163] Vgl. Benninga, 1990, S. 24.

43

Varianten verbesserten). Aus dieser Beobachtung zieht Benninga den Schluß „that, on average, terminal wealth would have been higher had the investor invested only in the risk-free asset."[164]

In Anbetracht der im zweiten Kapitel geführten Diskussion der unterschiedlichen Risikoverständnisse ist an dieser Stelle allerdings die Frage zu stellen, ob es sich bei der Sharpe Ratio tatsächlich um ein probates Mittel zur Beurteilung einer Portfolio Insurance-Strategie handelt. Da die „Risikoadjustierung" der betrachteten Überschußrendite anhand der Standardabweichung, also eines symmetrischen Risikomaßes erfolgt, erscheint die Sharpe Ratio in ihrer ursprünglichen Form als Kriterium für eine Beurteilung der hier im Vordergrund stehenden asymmetrischen, genauer rechtsschiefen Renditeverteilung eher ungeeignet.[165] So erkennt beispielsweise bereits Bookstaber: „If standard deviation or variance is used as a proxy for risk, writing a covered call will be preferred to buying a protective put. [...] This bias will appear for the Sharpe measure [...], the Treynor index [...], and the Jensen measure"[166]. Ein Anleger mit einer Präferenz für konvexe Auszahlungsprofile würde jedoch wohl kaum auf das Mittel des Covered Call Writing (was de facto zu einer links- statt einer rechtsschiefen Verteilung der Renditen führt[167]) zurückgreifen, womit deutlich wird, worin das Problem der von Benninga implizit vorgenommenen Unterstellung eines Anlegers mit symmetrischem Risikoverständnis liegt.[168] Dies illustriert auch seine Bemerkung, daß der Anleger bei einer Investition in das risikofreie Asset einen höheren Portfoliowert am Ende der Absicherungsperiode hätte realisieren können, da Benninga damit ganz offensichtlich eine wesentliche Komponente des Portfolio Insurance-Konzepts, nämlich die Chance auf eine angemessene Upside Participation, ignoriert. Sein Hinweis mag zwar sachlich korrekt sein, stellt aber aus Sicht eines typischen Portfolio Insurers keine nutzenmaximierende Alternative dar.

Ungeachtet dieser Kritik sind Benningas Untersuchungsergebnisse dennoch bemerkenswert, und zwar insbesondere im Hinblick auf die von ihm beobachtete Dominanz der Stop-Loss-Strategie. Sowohl bezüglich des zu erwartenden Periodenendwerts als auch der Sharpe Ratio stellt er fest, daß „the stop-loss strategy − a primitive, unsophisticated portfolio insurance rule − dominates both

---

[164] Benninga, 1990, S. 24.
[165] Dies gilt im übrigen gleichermaßen für andere Instrumente der Performancemessung wie zum Beispiel das Treynor-Maß oder Jensens Alpha.
[166] Bookstaber, 1985, S. 47, insbes. FN 20.
[167] Vgl. Bookstaber, 1985, S. 47.
[168] In diesem Zusammenhang wäre über die Konstruktion alternativer Performancemaße zur Bewertung rechtsschiefer Verteilungen nachzudenken. So könnte beispielsweise durch einen Rückgriff auf die später noch näher erläuterten Lower Partial Moments (LPM) ein für die Portfolio Insurance eventuell aussagekräftigerer Maßstab geschaffen werden.
Zu denken wäre z.B. an eine Art „modifizierte Sharpe Ratio" der Form $\frac{E(\text{Portfolioendwert}) - (\text{Anfangswert} \cdot e^{\text{risikofreierZins}})}{LPM(\text{Portfolioendwert})}$.

Allerdings sind dem Autor dieser Arbeit bislang keine derartigen Ansätze bekannt.

synthetic put and constant proportional portfolio insurance strategies for all floors for a fairly low level of transactions costs."[169]

4.1.3.3 Die Untersuchung von Figlewski, Chidambaran und Kaplan

Speziell mit der Performance der Protective Put-Strategie beschäftigen sich Figlewski, Chidambaran und Kaplan.[170] Ihre Simulation umfaßt drei Varianten des Protective Put, wobei in allen Fällen eine Absicherungsperiode von einem Jahr bei monatlichem Roll Over des Put angenommen wird. Die erste, als „Fixed Strike Strategy" bezeichnete Variante geht von einem über die gesamte Laufzeit fixen Floor aus. Die zweite, sogenannte „Fixed Percentage Strategy" setzt den Floor an jedem Roll Over-Termin auf einen festgelegten Prozentsatz des aktuellen Portfoliovermögens. Im dritten Fall wird die bereits bei der Diskussion der Studie von Albrecht/Maurer/Stephan[171] angesprochene „Ratchet-Strategy" verwendet, d.h. der Floor wird bei steigendem Markt dynamisch angehoben, bleibt bei fallendem Markt jedoch unverändert.[172]

Im wesentlichen kommen Figlewski, Chidambaran und Kaplan im Rahmen ihrer Monte Carlo-Simulation zu ähnlichen Ergebnissen wie Albrecht, Maurer und Stephan mit ihrer Studie auf Basis realer Daten. Insbesondere können sie zeigen, daß unter den von ihnen gesetzten Prämissen ein rollierender Protective Put mit deutlich geringeren Kosten[173] verbunden ist, als eine über die gesamte Absicherungsperiode statische Fixed Strike-Strategie.[174] Auf den ersten Blick mag ein solches Ergebnis überraschen, zumal „the cost of following a fixed strike strategy was found to be far less than 12 times the one-month cost."[175] Dieser scheinbare Widerspruch wird jedoch durch die Feststellung der Autoren aufgelöst, daß der betrachtete (bzw. simulierte) „stock price tends to drift away from any fixed striking price over time, as the investment horizon lengthens"[176].

Hinsichtlich der Performance der beiden Roll-Over-Strategien kommen die Autoren zu dem Resultat einer deutlich geminderten Absicherungswirkung des Fixed Percentage-Ansatzes bei negativer Marktentwicklung, kombiniert mit einem gesteigertem Partizipationspotential im Falle steigender Märkte. Die Ratchet-Strategie hingegen verbindet ihrer Einschätzung nach eben letztgenannten Vorteil einer Fixed Percentage-Strategie – wenn auch in geringerem Ausmaß – mit einer Downside Protection nahe der eines Fixed Strike-Ansatzes. Sie betonen in diesem

---

[169] Benninga, 1990, S. 28.
[170] Vgl. Figlewski/Chidambaran/Kaplan, 1993.
[171] Vgl. Albrecht/Maurer/Stephan, 1995.
[172] Vgl. Figlewski/Chidambaran/Kaplan, 1993, S. 47 f.
[173] Als Kosten fassen die Autoren den im Vergleich zu einer ungesicherten Position im riskanten Asset entgangenen Ertrag auf. Vgl. Figlewski/Chidambaran/Kaplan, 1993, S. 46.
[174] Vgl. Figlewski/Chidambaran/Kaplan, 1993, S. 56.
[175] Figlewski/Chidambaran/Kaplan, 1993, S. 56.
[176] Figlewski/Chidambaran/Kaplan, 1993, S. 56.

Zusammenhang insbesondere, „that the ratchet's advantage is not a higher mean, but its protectiveness, especially against a "disaster"."[177]

4.2 Zur Performance von Portfolio Insurance-Strategien – Eine Simulation

4.2.1 Problemstellung

Im Mittelpunkt dieses Abschnitts soll die Darstellung einer Monte Carlo-Simulation der in Kapitel 3 erläuterten Strategien stehen. Die Simulation umfaßt die dynamische Protective Put-Replikation auf Basis des Black/Scholes-Modells sowie der Erweiterungen durch Leland und Boyle/Vorst, die Stop-Loss-Strategie, die MSL von Bird/Dennis/Tippett, die CPPI und die TIPP. Primäres Ziel der Untersuchung ist dabei weniger die Identifikation einer „optimalen" Strategie für alle erdenklichen Szenarien – obgleich dies ein durchaus willkommener Nebeneffekt wäre – sondern vielmehr das Herausarbeiten der Stärken und insbesondere möglicher Schwachstellen der einzelnen Strategien im Praxiseinsatz.

Die meisten in der Literatur dokumentierten Simulationen zur Portfolio Insurance modellieren den Renditegenerierungsprozeß auf ähnliche Weise. Ausgangspunkt ist – in der Regel mit dem Verweis auf Osborne[178] – die Annahme einer Kursentwicklung der Risikoassets gemäß einer sogenannten Brownschen Bewegung. Den Renditen wird eine Normalverteilung zugrundegelegt, wobei Erwartungswert und Varianz in aller Regel auf Basis der historischen Entwicklung realer Aktienindizes festgelegt und dann konstant gehalten werden.[179]

Im ersten Schritt wird auch die hier durchgeführte Simulation auf ähnliche Weise vorgehen. Der Hauptgrund, warum dieser Fall im Rahmen der vorliegenden Arbeit noch einmal aufgegriffen werden soll, liegt im Umfang der hier durchgeführten Untersuchung. Zum einen beschäftigen sich die meisten der bisher zu diesem Themenbereich veröffentlichten Studien mit maximal drei Ansätzen der Portfolio Insurance. Zum anderen werden im allgemeinen Parameter wie die Verzinsung des risikofreien Assets oder die Höhe des Multiplikators einmalig festgelegt und dann nicht weiter betrachtet. Unterschiedlichen Studien liegen in aller Regel auch unterschiedliche Annahmen zugrunde, so daß eine direkte Vergleichbarkeit aller Portfolio Insurance-Strategien nicht ohne weiteres gegeben ist. Das hier gewählte Untersuchungsdesign hingegen steht aufgrund seiner breiten Grundlage nicht vor derartigen Schwierigkeiten und läßt zudem auf neue Erkenntnisse im

---

[177] Figlewski/Chidambaran/Kaplan, 1993, S. 56.
[178] Vgl. Osborne, 1959.
[179] Vgl. z.B. Bossert/Burzin, 1998, S. 232.

Hinblick auf die Auswirkungen unterschiedlicher Rahmenbedingungen auf die bisher diskutierten Portfolio Insurance-Strategien hoffen.

Über die oben angesprochene, „übliche" Vorgehensweise hinaus soll im Rahmen dieser Arbeit ferner einem an den Finanzmärkten häufig zu beobachtenden Phänomen Rechnung getragen werden, auf das Mandelbrot[180] bereits im Jahre 1963 hinwies: „At closer inspection, however, one notes that large price changes are not isolated between periods of slow change; they rather tend to be the result of several fluctuations, some of which "overshoot" the final change. [...] In other words, large changes tend to be followed by large changes – of either sign – and small changes tend to be followed by small changes"[181] Dieses, auch als „Volatility Clustering"[182] bezeichnete, dynamische Verhalten der Volatilität im Zeitablauf konnte insbesondere für Finanzmarktvariablen bereits mehrfach nachgewiesen werden.[183]

Eine Möglichkeit, ein derartiges Verhaltensmuster zu modellieren, besteht im Einsatz der von Engle[184] entwickelten und sowohl in Finanzanalyse als auch Ökonometrie zunehmend Verwendung findenden[185] ARCH-Modelle (ARCH = Autoregressive Conditional Heteroscedasticity).[186] Im Rahmen dieser Modelle ergibt sich die Rendite r_t eines Assets durch den folgenden stochastischen Prozeß:[187]

$$r_t = u_t \, h_t^{0,5} \qquad \text{(Gleichung 16)}$$

$$h_t = a_0 + \sum_{i=1}^{q} a_i r_{t-i}^2$$

wobei

u_t = Zufallsvariable mit $E(u_t) = 0$ und $\sigma_u^2 = 1$ (sog. White Noise-Prozeß)

h_t = bedingte Varianz der Renditen

a_i = Konstante

q = Anzahl der in das Modell eingehenden vergangenen Renditen

Im Rahmen der Monte Carlo-Simulation wurde ein einfaches ARCH-Modell verwendet, in das die Renditen der jeweils letzten zwei vergangenen Perioden eingingen (d.h. q = 2). Um bei der Wahl

---

[180] Vgl. Mandelbrot, 1963.
[181] Mandelbrot, 1963, S. 418.
[182] Vgl. Cron, 1997, S. 56.
[183] Vgl. z.B. Fama, 1963, S.428 f sowie Seppelfricke, 1996, S. 73 und Geyer/Hauer, 1991, S. 65 und die dort angegebene Literatur.
[184] Vgl. Engle, 1982.
[185] Vgl. Poddig, 1996, S. 73 f.
[186] Die Eignung von ARCH-Modellen zur Modellierung von Wechselkursen demonstrieren z.B. Kugler/Lenz, 1990. Eine Anwendung von ARCH-Modellen am (österreichischen) Aktienmarkt findet sich bei Geyer/Hauer, 1991.
[187] Vgl. Poddig, 1996, S. 70 f sowie Zimmermann, 1997, S. 192 f.

der eingehenden Parameter a_0, a_1 und a_2 eine möglichst große Realitätsnähe erreichen zu können, wurde ihre Höhe auf Grundlage der Entwicklung des Deutschen Aktienindex von Anfang 1988 bis zum Ende 1998 geschätzt. Aus dieser Schätzung ergab sich $a_0 = 0,0000841$, $a_1 = 0,284061$ und $a_2 = 0,178693$, wobei alle drei Werte gemäß der t-Statistik ein ausgesprochen hohes Signifikanzniveau aufwiesen.[188] Die Simulation wurde mit Hilfe der Tabellenkalkulation Microsoft Excel 97 umgesetzt.

4.2.2 Vorgehensweise

4.2.2.1 Rahmenbedingungen

Zugrundegelegt wurden allen Strategien ein Anfangsvermögen von 1 Mio. Geldeinheiten (GE) sowie ein Floor in Höhe von 900000 GE. Transaktionskosten wurden voll berücksichtigt und mit 1 Prozent pro „round-trip" angenommen, lediglich das strategieabhängige Anfangsinvestment in die risikoreiche und die risikolose Anlage galt als transaktionskostenfrei. Leerverkäufe wurden im Hinblick auf die in der Praxis beispielsweise für Pensionsfonds bestehenden Restriktionen ausgeschlossen, für den Anteil des Risikoassets w_A galt durchgängig $0 \leq w_A \leq 100\%$. Zur Vereinfachung und unter der Annahme eines aufgrund des Anlagevolumens vernachlässigbaren Einflusses wurde von Mindestordergrößen und Ganzzahligkeitsbedingungen abstrahiert.

Als Benchmark diente die Protective Put-Strategie, also der Kauf des Risikoassets bei gleichzeitigem Kauf eines Put. Letzterer wurde mit Hilfe der Black/Scholes-Formel (Gleichung 3) auf Basis der während des Absicherungszeitraums tatsächlich eingetretenen Volatilität bewertet.[189] Die Renditen des Risikoassets wurden im ersten Simulationslauf auf Basis einer unterstellten Normalverteilung mit einem Erwartungswert von 12% und einer Standardabweichung von 25% generiert. Hinsichtlich der Realitätsnähe der hier gewählten Werte kann man sicherlich geteilter Meinung sein. Bossert und Burzin beispielsweise legen ihrer Simulation einen Renditeerwartungswert von 10,4% und eine Standardabweichung von 23% p.a. zugrunde, was etwa der Entwicklung des Deutschen Aktienindex (DAX) der Jahre 1960 bis 1990 entspricht.[190] In Anbetracht des insbesondere in der zweiten Hälfte der neunziger Jahre feststellbaren Anstiegs der Aktienmarktvolatilität – in Abbildung 18 exemplarisch anhand der Entwicklung der Renditen und

---

[188] An dieser Stelle sollte betont werden, daß das primäre Ziel dieser Schätzung nicht darin lag, die Entwicklung des DAX im fraglichen Zeitraum möglichst genau nachzuempfinden. Es ging vielmehr darum, die der Aktienkursentwicklung eigene Heteroskedastizität realitätsnah zu modellieren, da das Hauptaugenmerk dieser Untersuchung wie bereits erwähnt eher auf den Auswirkungen einer im Zeitablauf schwankenden Volatilität auf die Performance von Portfolio Insurance-Strategien liegt.

[189] Da, wie im zweiten und dritten Kapitel bereits dargelegt, der Protective Put gewissermaßen als „Urform" der Portfolio Insurance angesehen werden kann, erscheint die hier gewählte Konstruktion eine in diesem Zusammenhang adäquatere Benchmark zu sein als das in der Literatur häufig verwendete Buy-and-Hold des riskanten Asset.

[190] Vgl. Bossert/Burzin, 1998, S. 232. Einen mit 15% leicht höheren Renditeerwartungswert bei fast gleicher Standardabweichung von 22,8% verwenden Figlewski/Chidambaran/Kaplan, 1993, S. 48.

Standardabweichungen von DAX und Dow Jones Industrial Average (DJ) dargestellt – erscheinen die hier gewählten Werte allerdings durchaus im Rahmen des Vertretbaren zu liegen.

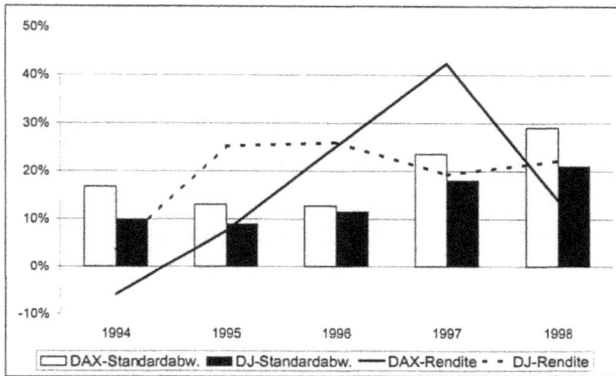

Abbildung 18: Renditen und Standardabweichungen von DAX und Dow Jones

Im zweiten Simulationslauf wurde dann auf das bereits angesprochene ARCH-Modell zurückgegriffen, wobei hier sowohl der Fall eines Floor von 90% als auch von 95% Gegenstand der Untersuchung war. Der Absicherungszeitraum lag im Falle beider Simulationen bei einem Jahr mit unterstellten 250 Börsentagen, die Revision der Portfoliozusammensetzung erfolgte einmal täglich. Der Gesamtumfang der Simulation umfaßte für alle betrachteten Strategien jeweils 1000 Jahre.

Als erster zu variierender Parameter wurde die als stetig angenommene Verzinsung des risikofreien Assets mit Werten von 2, 4, 6, 8 und 10 Prozent gewählt.[191] Ferner wurde – in Anlehnung an die Studie von Bird/Dennis/Tippett[192] – im Rahmen der optionsbasierten Strategien neben der korrekten Volatilität auch das Auftreten von Schätzfehlern in Höhe von 20, 40, -20 und -40 Prozent berücksichtigt. CPPI und TIPP lagen die Multiplikatoren 2, 3, 4, 5, 6, 8 und 10 zugrunde. Des weiteren erfolgte auch eine Umsetzung des im Rahmen dieser Arbeit eingeführten Konzepts eines modifizierten Multiplikators. Hierzu wurde zunächst die Höhe des Multiplikators anhand von Gleichung 15 auf Basis der über den Absicherungszeitraum tatsächlich eingetretenen und – zur Simulation unterschiedlicher Risikoneigungen der Anwender – mit den Werten 1, 0,5 und 0,33 multiplizierten Volatilität bestimmt. In einem ersten Simulationslauf wurde dann das resultierende M über den Absicherungszeitraum konstant gehalten. Im zweiten Durchlauf schließlich erfolgte die im dritten Kapitel bereits vorgeschlagene Dynamisierung des Multiplikators, indem die in das Modell eingehende Volatilität dieses Mal auf Basis der letzten 20 Börsentage geschätzt und

---

[191] Die erste dem Autor bekannte Studie zu Auswirkungen unterschiedlicher risikofreier Zinssätze auf Portfolio Insurance-Strategien stammt von Clarke und Arnott. Vgl. Clarke/Arnott, 1987, insbes. S. 44 ff.
[192] Vgl. Bird/Dennis/Tippett, 1988, S. 36 ff.

wiederum mit den Werten 1, 0,5 und 0,33 multipliziert wurde. Der resultierende Multiplikator fand dann sowohl im CPPI- als auch im TIPP-Konzept Verwendung und wurde börsentäglich dynamisch angepaßt.

4.2.2.2 Die Berücksichtigung von Transaktionskosten

Ein besonderes Problem im Rahmen dieser Untersuchung bestand in der Berücksichtigung der Transaktionskosten. Da die meisten der im dritten Kapitel vorgestellten Strategien von idealen (Black/Scholes-) Rahmenbedingungen ausgehen, werden derartige „Marktunvollkommenheiten" bei der Formulierung der verschiedenen Ansätze in der Literatur in aller Regel unberücksichtigt gelassen.[193] Aus diesem Grund ergibt sich im Rahmen einer Anwendung der Portfolio Insurance auf realitätsnähere Szenarien das Problem einer adäquaten Integration der anfallenden Transaktionskosten in die einzelnen Modelle. Nachfolgend soll ein kurzer Überblick über die hier jeweils gewählte Vorgehensweise gegeben werden.

- Synthetische Put-Replikation: Hier wurden drei verschiedene Vorgehensweisen gewählt. Zunächst erfolgte die Berechnung der Portfoliogewichte auf Basis des ursprünglichen Black/Scholes-Ansatzes nach Gleichung 7. Anschließend wurden die in Kapitel 3 beschriebenen Weiterentwicklungen dieses Modells von Leland und von Boyle/Vorst umgesetzt, wobei in allen drei Fällen jeweils die anfallenden Transaktionskosten voll zu Lasten des Anteils der risikofreien Anlage am Gesamtportfolio gingen.

- Stop-Loss-Ansatz: Als Modifikation zum ursprünglichen Konzept wurden die bei der einmaligen Umschichtung anfallenden Transaktionskosten zum ursprünglichen Stop-Loss-Wert hinzuaddiert. Läge beispielsweise der kritische Punkt der Strategie zu einem beliebigen Zeitpunkt bei einem Wert des Risikoassets von 990 GE, so würde – Transaktionskosten von 1% vorausgesetzt – eine Umschichtung bereits bei einem Kursniveau von 1000 GE stattfinden, um ein Unterschreiten des Floor nach Transaktionskosten zu vermeiden.

- Modified Stop-Loss-Ansatz: Hier erfolgte eine Berücksichtigung von Transaktionskosten bei der Berechnung des Anteils des Risikoassets am Gesamtportfolio nur insofern, als daß eine Verletzung der zuvor aufgestellten Bedingung $0 \leq w_A \leq 100\%$ durchgehend vermieden wurde. Ansonsten gingen die anfallenden Transaktionskosten voll zu Lasten der risikolosen Position.

---

[193] So findet beispielsweise im Falle der CPPI lediglich bei Black/Perold, 1992 eine Integration von Transaktionskosten in das Grundmodell statt. Da allerdings ihr Ansatz nicht ohne weiteres auf die in unserem Kontext ebenfalls zu untersuchende TIPP übertragbar ist, kann an dieser Stelle nicht auf die dortigen Erkenntnisse zurückgegriffen werden, ohne daß die ohnehin bereits eingeschränkte Vergleichbarkeit der beiden Strategien weiter beeinträchtigt würde.

- CPPI und TIPP: Im Falle dieser beiden Strategien gelten hinsichtlich der Transaktionskosten die gleichen Vorgaben wie bei der MSL.

4.2.2.3 Kriterien zur Beurteilung von Portfolio Insurance-Strategien

Zur Beurteilung des „Erfolgs" von Portfolio Insurance-Strategien bieten sich zahlreiche Kriterien an, wie z.B. ihre Optimalität im Sinne der Risikonutzentheorie, der Grad ihrer Pfadabhängigkeit, ihre Komplexität, ihre Sensitivität hinsichtlich sich ändernder oder falsch eingeschätzter Umweltbedingungen, die Höhe der zu erwartenden Rendite relativ zur Benchmark und die Qualität der Absicherung.[194] Im Rahmen dieser Arbeit soll insbesondere die Analyse der drei letztgenannten Kriterien im Mittelpunkt stehen.

Während sich die Untersuchung der Sensitivität und der zu erwartenden Rendite vergleichsweise unproblematisch gestaltet[195], bedarf es zur Beurteilung der Absicherungsqualität einer Portfolio Insurance-Strategie der Wahl eines geeigneten Bewertungsinstruments. In diesem Zusammenhang spielen in der Literatur insbesondere die Lower Partial Moments (LPM) als Maße des Ausfallrisikos eine große Rolle.[196] Der Vorteil dieser Risikomaße gegenüber der herkömmlichen Standardabweichung bzw. Varianz besteht darin, daß sie gezielt das Downside-Risk eines Portfolios quantifizieren[197] und aus diesem Grund besser zur Untersuchung des hier im Mittelpunkt stehenden Problems geeignet erscheinen.[198] Die Berechnung der Lower Partial Moments kann anhand folgender Formel erfolgen:[199]

$$
LPM_n := \begin{cases} \dfrac{(R_{min} - R_1)^n + (R_{min} - R_2)^n + ... + (R_{min} - R_i)^n}{N} & \text{für } R_i < R_{min} \\ 0 & \text{für } R_i \geq R_{min} \end{cases} \quad \text{(Gleichung 17)}
$$

wobei
- i = Anzahl der Returns, für die gilt: $R_i < R_{min}$ (Anzahl der Ausfallperioden)
- N = Anzahl der Returns (Anzahl der betrachteten Perioden)
- n = Exponent
- R_i = Erzielter Return der i-ten Periode
- R_{min} = Mindestreturn

---

[194] Vgl. Bühler, 1995, S. 1528 f.
[195] Zur Ermittlung der Rendite kann auf das statistische Konzept des Erwartungswerts zurückgegriffen werden. Eine (im Rahmen dieser Untersuchung ausreichende) Beurteilung der Sensitivität ermöglicht bereits ein kurzer Blick auf die Werte, die sich für die zu erwartende Rendite und für die Absicherungsqualität über verschiedene Szenarien ergeben.
[196] Vgl. Rudolf, 1994, S. 148 ff.
[197] Vgl. Matthes/Klein, 1996, S. 744.
[198] Vgl. Rudolf, 1994, S. 189.
[199] Vgl. Matthes/Klein, 1996, S. 744.

Setzt man den Exponenten n gleich null, so ergibt sich das sogenannte Ausfallrisiko (Shortfall-Risk) LPM_0. Dieses Risikomaß spiegelt die Wahrscheinlichkeit wider, eine geringere als die vom Anleger angestrebte Mindestrendite zu realisieren, d.h. in unserem Kontext die Wahrscheinlichkeit, daß der Portfoliowert am Ende der Absicherungsperiode den angestrebten Floor unterschreitet.

Ein solches Risikomaß kommt zwar dem im zweiten Kapitel angesprochenen intuitiven Risikoverständnis entgegen, erweist sich allerdings bei näherer Betrachtung als unvollständig und daher nicht als alleiniger Bewertungsmaßstab geeignet.[200] Zwar gibt das Ausfallrisiko Aufschluß darüber, mit welcher Wahrscheinlichkeit der Floor von einer Portfolio Insurance-Strategie nicht gehalten werden kann, jedoch ermöglicht es keine Aussage über die potentielle Höhe eines Verlustes. Ein Unterschreiten des Floor um 25% würde somit ebenso negativ beurteilt werden wie eine Verfehlung um nur 1%.[201] Aus diesem Grund bietet sich ergänzend die Berechnung des mittleren Ausfallrisikos[202] (Expected Shortfall) LPM_1 an, einer Kennzahl die gewissermaßen das zu erwartende Ausmaß einer möglichen Zielverfehlung widerspiegelt.[203]

Allerdings reicht auch die Kombination dieser beiden Konzepte im Regelfall noch nicht zur Beurteilung einer Strategie aus. Angenommen, zwei Portfolio Insurance-Strategien wiesen den gleichen zu erwartenden Ertrag, das gleiche Ausfallrisiko und das gleiche mittlere Ausfallrisiko auf, wobei eine der beiden den Floor mit niedriger Wahrscheinlichkeit deutlich unterschreiten und die andere ihn mit hoher Wahrscheinlichkeit nur leicht verfehlen würde. Gemäß LPM_0 und LPM_1 bestünde zwischen beiden Strategien kein qualitativer Unterschied, obwohl ein risikoaverser Anleger vermutlich die erstgenannte aufgrund der – wenn auch wenig wahrscheinlichen – Möglichkeit eines hohen Verlustes als weitaus riskanter empfinden würde.[204] Einen Ausweg aus dieser Problematik bietet die sogenannte Ausfall- oder auch Semivarianz[205] (Downside Variance) LPM_2. Durch die Berücksichtigung der quadrierten Abweichungen gewichtet dieses Risikomaß größere Unterschreitungen des Floor stärker als geringe Abweichungen und ermöglicht somit die Beurteilung einer Strategie auch im hier unterstellten Fall nichtlinearer Risikopräferenzen.[206]

---

[200] Vgl. Schmidt-von Rhein, 1996, S. 175.

[201] Vgl. Matthes/Klein, 1996, S. 744.

[202] Vgl. Schmidt-von Rhein, 1996, S. 175.

[203] Allerdings muß an dieser Stelle betont werden, daß es sich hierbei nicht um einen Erwartungswert im statistischen Sinne handelt, „da das LPM_1 nur aus einem Teil der Wahrscheinlichkeitsverteilung errechnet wird." Schmidt-von Rhein, 1996, S. 175.

[204] Vgl. Matthes/Klein, 1996, S. 746.

[205] Diese ist nicht im Sinne einer „halben", sondern einer „halbseitig gemessenen" Varianz zu verstehen. Vgl. Schmidt-von Rhein, 1996, S. 175.

[206] Vgl. ausführlicher Marmer/Ng, 1993, S. 47 ff.

4.2.3 Monte Carlo-Simulation mit normalverteilten Renditen

4.2.3.1 Allgemeines

Die Ergebnisse der ersten Untersuchung auf Grundlage normalverteilter Renditen (mit einem geforderten Absicherungsniveau von 90% des Anfangsvermögens) bestätigen in vielen Punkten diejenigen anderer Autoren. Hinsichtlich der zu erwartenden Rendite lagen im unterstellten Szenario alle Portfolio Insurance-Strategien unterhalb eines reinen Buy-and-Hold des riskanten Asset. Diese Differenzen spiegeln gewissermaßen die Kosten der einzelnen Absicherungsmethoden wider, womit auch empirisch bestätigt wird, daß es sich bei der früher den dynamischen Strategien oft zugeschriebenen „insurance out of thin air"[207] um eine Illusion handeln muß. Aber auch im Vergleich zur hier definierten Benchmark (also Aktienindex & Black/Scholes-Put) ergeben sich in fast allen Fällen geringere Renditeerwartungswerte. Hier schlagen sich insbesondere die wenig realistischen Black/Scholes-Prämissen der kontinuierlichen Portfolioumschichtung und der Abwesenheit von Transaktionskosten im Ergebnis nieder. Im folgenden sollen die Simulationsergebnisse der einzelnen Strategien etwas detaillierter betrachtet werden.[208]

4.2.3.2 Der Synthetische Put

Zur Beurteilung der verschiedenen Formen des Synthetischen Put soll – im Sinne der von einer Portfolio Insurance-Strategie geforderten „angemessenen" Upside Participation – zunächst die Betrachtung der zu erwartenden Rendite im Vordergrund stehen. Im Hinblick auf dieses Kriterium liegt die Black/Scholes-Replikation im Mittel um etwa 3,39 Prozentpunkte unterhalb der Benchmark, sofern ihr Anwender die Volatilität des riskanten Assets korrekt einschätzen konnte.

---

[207] Vgl. O'Brien, 1998, S. 232.
[208] Eine tabellarische Zusammenstellung aller Simulationsergebnisse findet sich im Anhang.

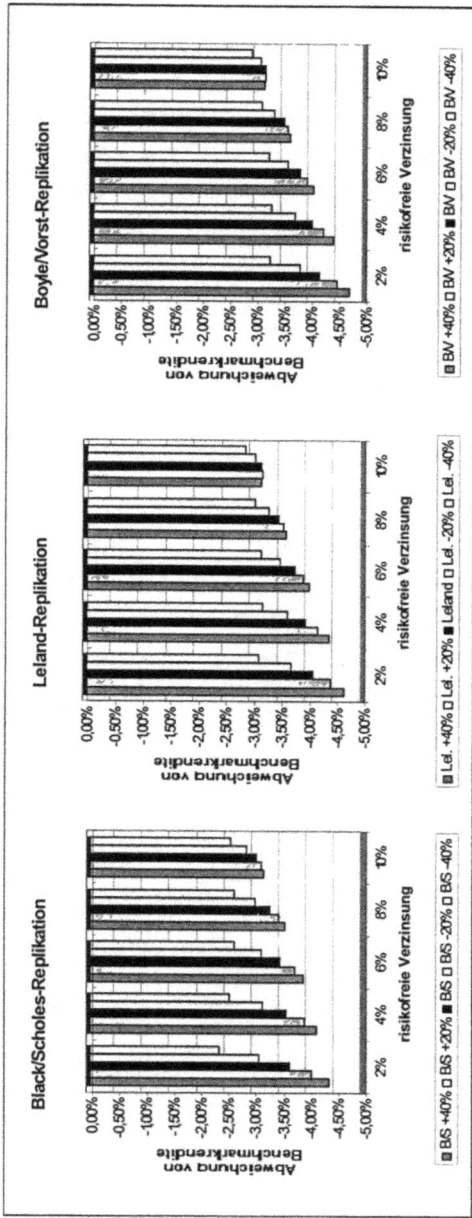

Abbildung 19: Die durchschnittliche Abweichung von der Benchmarkrendite bei alternativen PI-Strategien[209]

[209] Die Werte hinter den einzelnen Strategien in der Legende bezeichnen die prozentualen Abweichungen der echten von den zur Replikation eingesetzten Standardabweichungen. „B/S +40%" steht also beispielsweise für die Verwendung der Black/Scholes-Strategie mit einer um 40% zu hohen Standardabweichung.

Wie anhand von Abbildung 19 zu erkennen, verringert sich dieser Abstand zwischen den beiden Strategien mit zunehmender risikofreier Verzinsung, d.h. die Qualität der Replikation erweist sich in gewissem Ausmaß als abhängig von der Höhe des risikolosen Zinses. Für die Leland- und die Boyle/Vorst-Replikation ergibt sich das gleiche Bild, allerdings liegt hier die Abweichung vom Referenzportfolio mit durchschnittlichen 3,67 bzw. 3,72% geringfügig höher.

Dieser Zusammenhang bleibt prinzipiell auch für den Fall einer vom Anleger falsch eingeschätzten Volatilität (Standardabweichung) bestehen. Lediglich bei einer deutlichen Unterschätzung der tatsächlichen Volatilität um 40% erreicht der zu erwartende Rendite-Shortfall der Black/Scholes-Replikation sein Maximum erst bei einem risikofreien Zinssatz von sechs statt von zwei Prozent (bzw. bei 4% im Falle der Leland- und der Boyle/Vorst-Replikation).

Das nächste zu untersuchende Kriterium betrifft die Qualität der Downside Protection. Wie Abbildung 20 zeigt, weisen die hier im Mittelpunkt stehenden Put-Replikationsstrategien hinsichtlich ihrer Absicherungswirkung zum Teil erhebliche Mängel auf. Den Floor konnten alle drei Ansätze – bei korrekt geschätzter Volatilität und einem risikofreien Zins von 6% – lediglich in rund 64% der Fälle halten, was im Ergebnis sogar von einem reinen Buy-and-Hold des ungesicherten Index übertroffen wurde. Selbst bei einer um 20 bzw. 40% zu hoch geschätzten Volatilität erreichte die Black/Scholes-Replikation kaum das „Absicherungsniveau" des Index. Im Falle der Leland- und der Boyle/Vorst-Replikation allerdings konnte bei einer 20-prozentigen Überschätzung der Volatilität bereits ein deutlicher Anstieg der Absicherungswirkung auf 90 bzw. fast 100% festgestellt werden, und bei einer um 40% zu hoch angenommenen Volatilität garantierten beide Strategien den Floor zu 100%.

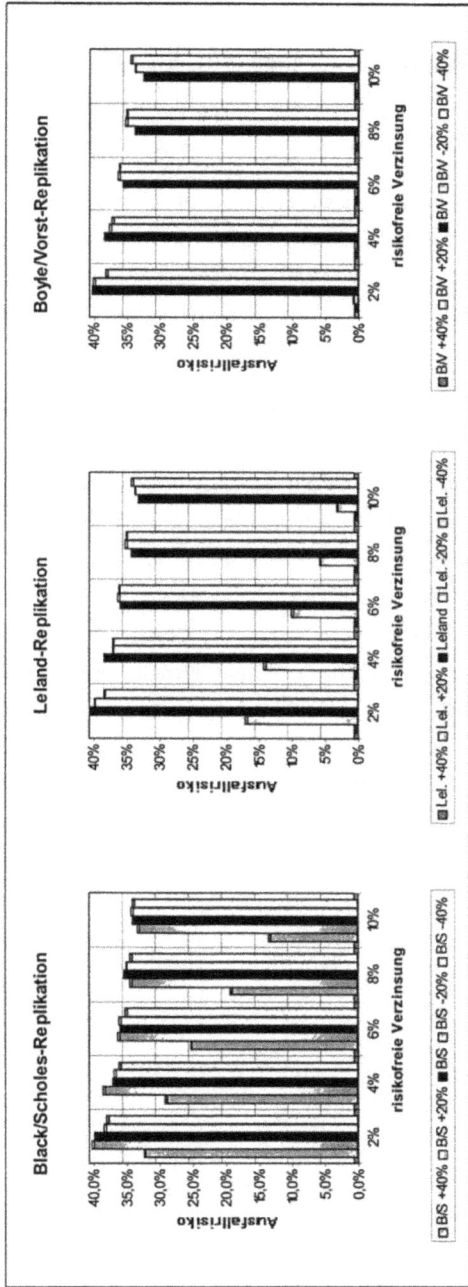

Abbildung 20: Das Ausfallrisiko (LPM$_0$) alternativer Replikationsstrategien

Ein solches Ergebnis legt die Vermutung nahe, daß eine Verletzung des Floor bei diesen beiden Ansätzen zwar prinzipiell möglich ist, jedoch im Mittel ein weitaus geringeres Ausmaß aufweist als im Falle der Black/Scholes-Replikation. Betrachtet man nun die entsprechenden LPM_1, so bestätigt sich der Verdacht: Das mittlere Ausfallrisiko im Falle der Black/Scholes-Replikation liegt bei einem Zinsniveau von 6% und korrekt geschätzter Standardabweichung mit ca. 1,56 Prozentpunkten zwar niedriger als bei einem reinen Buy-and-Hold (2,24), bleibt aber deutlich über dem LPM_1 der Leland-Replikation mit 0,67 und der noch besseren Boyle/Vorst-Methode mit 0,48 Prozentpunkten. Noch offensichtlicher wird der Unterschied bei Betrachtung der jeweiligen Semivarianzen. Hier ist die Wahrscheinlichkeit eines hohen Verlustes im Falle des Black/Scholes-Ansatzes mit 0,077% zwar im Vergleich zum Index (0,36%) außerordentlich niedrig, allerdings liegt sie mit diesem Wert noch um ein Vielfaches höher als bei den beiden anderen Strategien mit 0,0145 bzw. 0,0077%.

Betrachtet man nun das Verhalten der einzelnen Strategien für unterschiedliche Volatilitäten und Zinsniveaus, so ergibt sich das in Abbildung 21 dargestellte Bild. Deutlich zu erkennen ist der S-förmige Verlauf der einzelnen Kurvenzüge, der vor allem in zweierlei Hinsicht als bemerkenswert bezeichnet werden kann. Zum einen fällt dem Betrachter die ungewöhnlich hohe Sensitivität insbesondere der Leland- und der Boyle/Vorst-Replikation im Bereich zwischen einer korrekt geschätzten und einer um 20% überschätzten Volatilität ins Auge, die sich zudem mit steigender risikofreier Verzinsung noch weiter erhöht. In diesem Bereich wirkt sich somit bereits eine geringfügige Veränderung der in die Replikationsstrategie eingehenden Volatilität überproportional stark aus, während beispielsweise zwischen einer Unterschätzung dieses Parameters um 30 oder um 40% kaum noch ein qualitativer Unterschied besteht.[210]

---

[210] Im Falle der Black/Scholes-Replikation tritt dieser „Sprung" erst bei einer Überschätzung der tatsächlichen Volatilität um zwischen 20 und 40 Prozent auf und verläuft zudem flacher, der beschriebene Mechanismus allerdings bleibt grundsätzlich der gleiche.

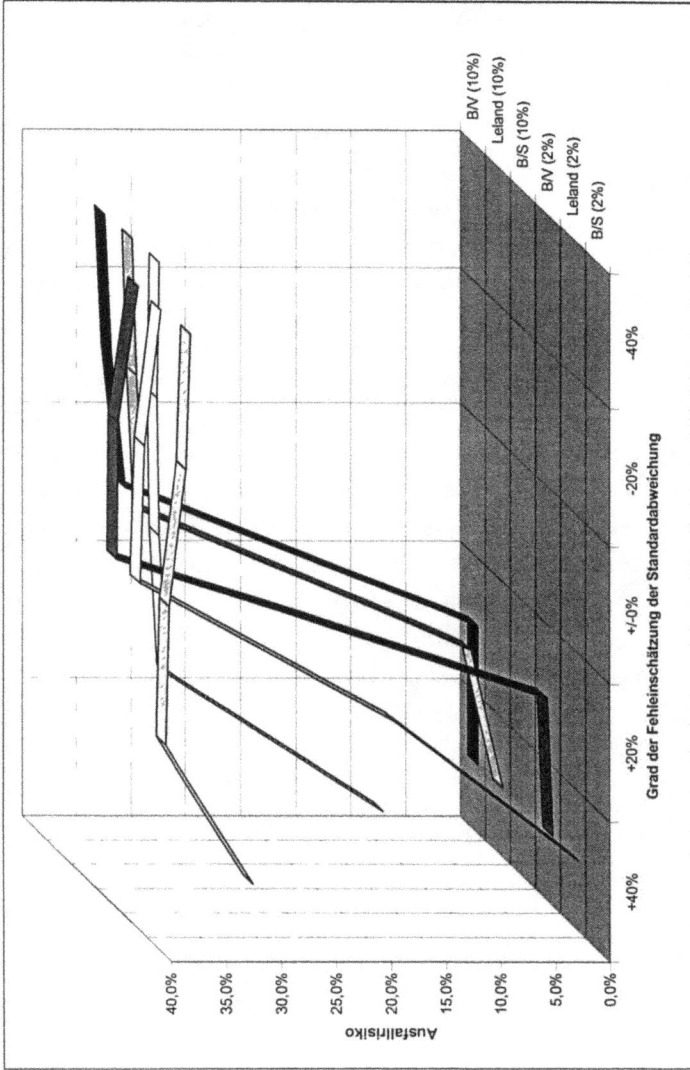

Abbildung 21: Das Ausfallrisiko verschiedener Replikationsstrategien bei alternativen Volatilitäten[211]

---

[211] Die Werte in Klammern hinter den Strategiebezeichnungen B/S (=Black/Scholes), Leland und B/V (=Boyle/Vorst) geben die unterstellte Verzinsung des risikofreien Assets an.

Bemerkenswert erscheint zum anderen auch die Beobachtung, daß sich der Anstieg der Ausfallwahrscheinlichkeit mit abnehmender Volatilitätsschätzung keineswegs monoton fortsetzt. Vielmehr wird im Falle der meisten hier untersuchten Strategien früher oder später ein Maximalwert erreicht, nach dessen Überschreitung sich die Absicherungswirkung der einzelnen Strategien wieder merklich verbessert.[212]

Generell kann an dieser Stelle ferner festgehalten werden, daß sich die Replikationsstrategien mit zunehmender risikofreier Verzinsung immer mehr dem „Ideal" der Benchmark annähern. Es wird außerdem deutlich, daß trotz des in allen drei Fällen gleichermaßen geringen Schutzes vor einer Unterschreitung des Floor der Einsatz der Leland- oder der Boyle/Vorst-Strategie bereits mit einer merklichen Erhöhung der Absicherungswirkung gegenüber der Black/Scholes-Strategie verbunden ist.

Wie bereits angedeutet besteht die Möglichkeit, das Ausfallrisiko weiter zu verringern, indem – bewußt oder unbewußt – eine höhere als die tatsächliche Volatilität zur täglichen Berechnung der Portfoliogewichte eingesetzt wird. In diesem Zusammenhang zeigt die Simulation, daß hiermit zugleich eine merkliche Verringerung der zu erwartenden Rendite der jeweiligen Portfolio Insurance-Strategien verbunden ist. Analog hierzu erhöht ein Unterschätzen der Volatilität den Renditeerwartungswert, wirkt sich jedoch geradezu fatal auf das Absicherungsergebnis aus.[213] Es läßt sich somit festhalten, daß die Ergebnisse der Simulation den im dritten Kapitel bereits angesprochenen Trade-Off zwischen Rendite und Absicherungsqualität auch empirisch bestätigen können.

---

[212] Da im Rahmen der vorliegenden Untersuchung mit einer Unterschätzung der Volatilität von maximal 40% gearbeitet wurde, kann ein solches Verhalten beispielsweise im Falle der Leland- und der Boyle/Vorst-Replikation bei einem Zinssatz von 10% nicht nachvollzogen werden. Die Ergebnisse für die übrigen Strategien legen die Vermutung eines analogen Verlaufs jedoch nahe.

[213] Dies deckt sich mit den Ergebnissen von Bird/Dennis/Tippett: „Indeed, judging on the criterion of negative returns, the SP [Synthetic Put, Anm. d. Verf.] approach ranks poorly when there is consistent underestimation of the variance. The reverse is true when the variance is overestimated, which indicates that purposely overestimating the variance is one means by which an investor can reduce the likelyhood of realizing a negative return over the insured period." Bird/Dennis/Tippett, 1988, S. 39.

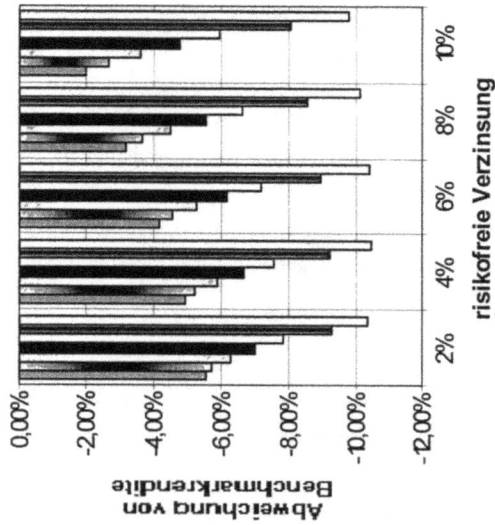

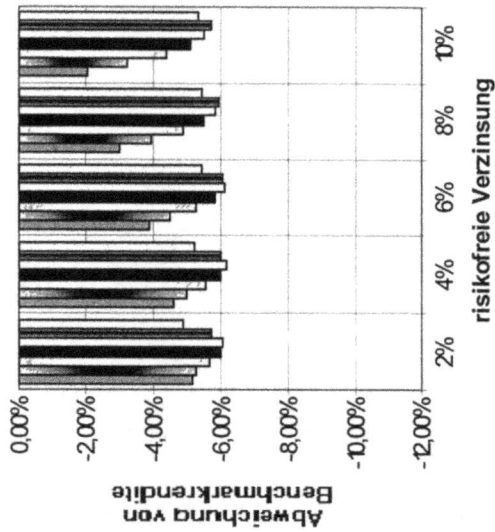

Abbildung 22: Abweichung der CPPI und der TIPP von der Benchmarkrendite

4.2.3.3 CPPI und TIPP

Betrachtet man die Ergebnisse der Untersuchung von CPPI und TIPP, so fällt insbesondere das Verhalten der Renditeerwartungswerte in Abhängigkeit von der Höhe des Multiplikators ins Auge. Wird beispielsweise im Falle der TIPP eben jenes M erhöht, so verschlechtert sich zusehends die Performance dieser Strategie relativ zur Benchmark, oder, anders formuliert, nimmt parallel zum Grad ihrer Aggressivität auch das Ausmaß des zu erwartenden Rendite-Shortfalls zu.[214] In bezug auf ihre Zinssensitivität ähnelt die TIPP der zuvor betrachteten Strategie des Synthetischen Put, d.h. je höher die risikofreie Verzinsung ausfällt, desto stärker nähert sich der Renditeerwartungswert demjenigen der Benchmark an.

Betrachtet man vor diesem Hintergrund das Verhalten der Renditen im Falle der CPPI, so kommt man zu einem eher unerwarteten Ergebnis. Zwar führt auch hier ein erhöhtes M zu einem niedrigeren Erwartungswert, jedoch gilt dieser Zusammenhang lediglich für Multiplikatoren zwischen zwei und sechs (bzw. zwei und acht ab einem Zinsniveau von 8%). Bei höheren Werten für M hingegen verringert sich der Abstand zwischen CPPI und Benchmark. Auch die Untersuchung der Renditeentwicklung über verschiedene Zinssätze fördert Erstaunliches zutage. Während für niedrige Multiplikatoren (zwischen zwei und sechs) mit steigender risikofreier Verzinsung noch die gleiche Annäherung der Renditeerwartungswerte an die Benchmark wie im Falle des Synthetischen Put und der TIPP zu beobachten ist, nimmt das Ausmaß des Rendite-Shortfalls für höhere M anfänglich zu und beginnt erst von einem Zinsniveau von sechs bis acht Prozent an wieder zu sinken.[215]

Vergleicht man nun CPPI und TIPP – jeweils mit Werten für M von 2 und 10 – mit der im Hinblick auf die zu erwartende Rendite (relativ zur Benchmark) besten hier untersuchten Variante des Synthetischen Put, der Black/Scholes-Replikation, so ergibt sich das in Abbildung 23 dargestellte Bild. Deutlich zu erkennen ist die Überlegenheit des Synthetischen Put bei einer risikofreien Verzinsung von zwei bis sechs Prozent. Liegt dieser Wert jedoch höher, so wird er von den defensiven Varianten der CPPI und der TIPP dominiert. Die aggressiveren Formen[216] und insbesondere die TIPP bleiben hingegen deutlich hinter den übrigen Strategien zurück.

---

[214] Vgl. Abbildung 22.
[215] Bei genauer Betrachtung läßt sich auch im Falle der TIPP mit M=10 eine solche Entwicklung beobachten. Dort erreicht die Renditeabweichung bei einem Zins von 4% ihr Maximum.
[216] Einzige Ausnahme ist die CPPI mit M=10 bei einem Zinsniveau von 2%-4%.

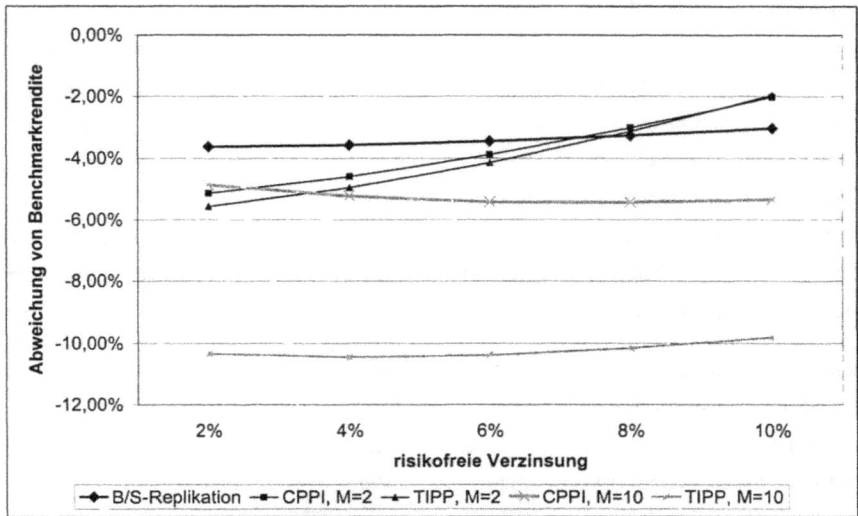

Abbildung 23: Rendite-Shortfall von Synthetischem Put, CPPI und TIPP

Geradezu makellos ist demgegenüber die Bilanz beider Strategien in bezug auf die Sicherstellung der geforderten Mindestrendite. In allen im Rahmen dieser Studie simulierten Szenarien konnte der Floor sowohl von der CPPI als auch von der TIPP gehalten werden, d.h. es ergaben sich durchgehend Ausfallwahrscheinlichkeiten (LPM$_0$) von 0%. In diesem Punkt erscheinen somit beide Ansätze den im vorigen Abschnitt untersuchten Replikationsstrategien nach Black/Scholes, Leland und Boyle/Vorst überlegen zu sein.

Betrachtet man die bisher vorgestellten Ergebnisse, so scheint es kaum einen plausiblen Grund für einen Einsatz der Time Invariant Portfolio Protection zu geben, da diese in fast allen hier untersuchten Punkten entweder von dem Synthetischen Put oder aber von der CPPI dominiert wird. Angesichts der bislang an eine Portfolio Insurance-Strategie gestellten Anforderungen mag diese Einschätzung auch durchaus korrekt sein, jedoch bedürfen die Ergebnisse bei genauerer Betrachtung einer – zumindest teilweisen – Relativierung. Es sollte an dieser Stelle noch einmal betont werden, daß der direkte Vergleich insbesondere der Renditeerwartungswerte von Synthetischem Put und CPPI mit denen der TIPP nur sehr eingeschränkt Sinn macht. Der Grund hierfür liegt vornehmlich darin, daß die TIPP mit der von ihr angestrebten Sicherung eines einmal realisierten Vermögenszuwachses eine sich von derjenigen der übrigen im Rahmen dieser Arbeit vorgestellten Strategien prinzipiell unterscheidende Zielsetzung verfolgt. Aufgrund dieses erhöhten Absicherungsniveaus kann der sich ergebende Rendite-Shortfall im Vergleich zur CPPI kaum überraschen, sondern es ist im Gegenteil geradezu erstaunlich, daß die Performance der TIPP bei niedrigeren Multiplikatoren insgesamt derjenigen der CPPI sehr nahe kommt und sie beispielsweise bei einem risikofreien Zins von 10% und einem Multiplikator von 2 sogar übertrifft.[217]

4.2.3.4 CPPI und TIPP mit volatilitätsgerechtem Multiplikator

Neben den „traditionellen" Formen von CPPI und TIPP wurde im Rahmen der Monte Carlo-Simulation auch die im dritten Kapitel vorgeschlagene Modifikation beider Strategien mit einem an die Volatilität des Risikoassets angepaßten Multiplikator untersucht, und zwar sowohl statisch anhand der tatsächlichen als auch dynamisch auf Basis der historischen Volatilität. Das Ergebnis dieser Simulation kann wohl am treffendsten mit dem Begriff „zwiespältig" umschrieben werden.

Betrachtet man zunächst die Renditeerwartungswerte im Falle der Verwendung eines konstanten M auf Basis der tatsächlichen Volatilität, so ergibt sich für CPPI und TIPP bei den drei untersuchten Risikoniveaus ein zum Teil erheblicher Rendite-Shortfall, sowohl im Vergleich zur Benchmark als auch im Vergleich zur jeweils besten „traditionellen" Form der Strategien. In einigen wenigen Fällen, die offenbar keiner erkennbaren Systematik folgen, können jedoch Varianten der TIPP die Ansätze mit willkürlich gewählten Multiplikatoren deutlich schlagen.[218]

Weitaus ermutigender sind hingegen die mit Hilfe eines anhand der historischen Volatilität (bezogen auf die letzten 20 Börsentage) ermittelten, dynamischen Multiplikators erzielten Ergebnisse. Im Falle der CPPI läßt sich beispielsweise mit zunehmender Aggressivität der Strategie (d.h. mit abnehmendem x in Gleichung 14) über alle Zinsniveaus eine Verbesserung des Renditeerwartungswerts relativ zur Benchmark feststellen. Bei niedrigen Zinsniveaus von 2 und 4% kann die aggressivste Strategievariante sogar sämtliche bisher behandelten Ansätze (d.h. sowohl die drei Replikationsstrategien als auch die „traditionellen" Formen von CPPI und TIPP) hinsichtlich des zu erwartenden Shortfalls schlagen. Als einziger Wehrmutstropfen bleibt allerdings zu erwähnen, daß in diesem Zusammenhang bei einem risikofreien Zinssatz von 2% ein leichter Anstieg der Ausfallwahrscheinlichkeit von ansonsten 0% auf 0,1% festgestellt werden konnte, wobei dieser Wert allerdings noch weit unterhalb desjenigen für alle Formen des Synthetischen Put liegt.

Im Falle der TIPP hingegen ergibt sich überraschenderweise hinsichtlich der zu erwartenden Rendite eine dem bei der CPPI beobachteten Verlauf genau entgegengesetzte Entwicklung. Hier steigt der Rendite-Shortfall im Vergleich zur Benchmark für alle betrachteten Zinsniveaus mit

---

[217] Das gleiche gilt zum Beispiel bei einem Zinsniveau von 8% für Multiplikatoren von 3 und 4 sowie bei einem Zins von 10% auch für Multiplikatoren von 3 bis 5. Siehe Anhang.
[218] So z.B. bei einem risikofreien Zins von 6% und einem Multiplikator in Höhe von M=1/(Vola*0,33). In diesem Fall liefert die TIPP sogar einen höheren Renditeerwartungswert als jede andere Implementierung der CPPI oder des Synthetischen Put bei gleicher Verzinsung.

zunehmender Aggressivität an, statt abzunehmen, wie anhand von Abbildung 24 zu erkennen. Gleichzeitig sind alle der betrachteten Varianten der TIPP in der Lage, den geforderten Floor zu garantieren.

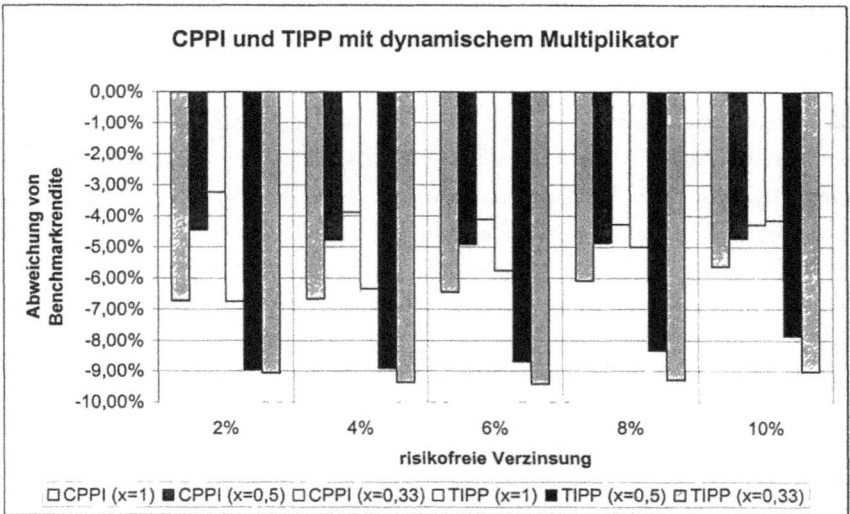

Abbildung 24: Die Performance von CPPI und TIPP bei dynamischem Multiplikator

4.2.3.5 Stop-Loss und Modified Stop-Loss

Als letzte noch zu untersuchende Strategien verbleiben die beiden im dritten Kapitel beschriebenen Formen des Stop-Loss-Ansatzes. Betrachtet man zunächst die sich im Rahmen der Simulation ergebenden Renditen, so erzielen sowohl Stop-Loss als auch Modified Stop-Loss einen im Vergleich zu allen bisher untersuchten Strategien der Portfolio Insurance deutlich höheren Erwartungswert. Die Stop-Loss-Strategie ist sogar über alle betrachteten Zinsniveaus in der Lage, die Benchmark aus Index und Black/Scholes-Put zu schlagen, und auch die MSL liefert insbesondere für niedrige Zinsniveaus sehr gute Ergebnisse (Abbildung 25).

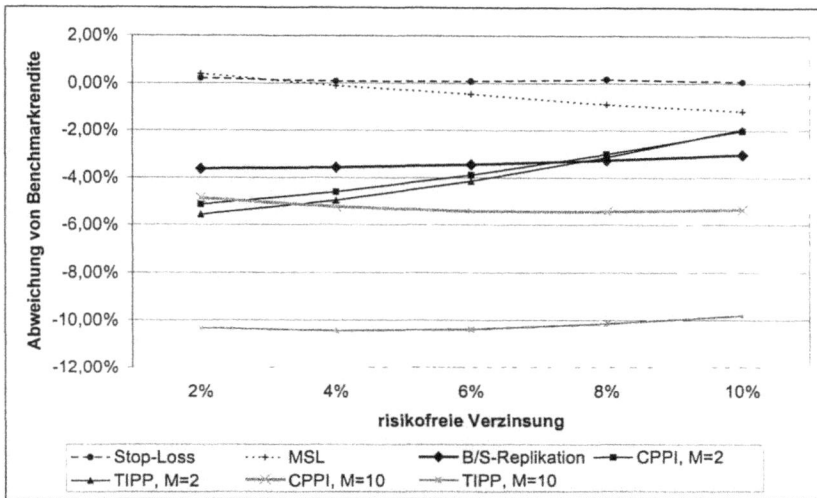

Abbildung 25: Renditeabweichung alternativer PI-Strategien von der Benchmark

Hinsichtlich der Absicherungswirkung zeigen beide Strategien hingegen leichte Schwächen. So liegt beispielsweise die Wahrscheinlichkeit für ein Unterschreiten des Floor bei der MSL zwischen 41 und 51 Prozent (wobei diese Wahrscheinlichkeit mit zunehmender risikofreier Verzinsung sinkt) und übersteigt damit deutlich den für die drei Replikationsstrategien ermittelten Wert. Betrachtet man allerdings auch die beiden nächsten Momente LPM_1 und LPM_2, so wird dieser Eindruck zumindest teilweise relativiert, denn sowohl das zu erwartende Ausmaß eines Verlustes als auch die Wahrscheinlichkeit eines besonders hohen Verlustes sind im Vergleich zu den Strategien nach Black/Scholes, Leland und Boyle/Vorst eher gering.[219] Ein ähnliches Bild ergibt sich im Falle der Stop-Loss-Strategie, allerdings mit gegenüber der MSL erheblich besseren Werten. Hier ergeben sich für die Ausfallwahrscheinlichkeit Werte zwischen 17 und 23 Prozent, und auch die übrigen Momente zeugen von einem geringeren Risiko als im Falle der MSL.

---

[219] Vgl. Abbildung 26.

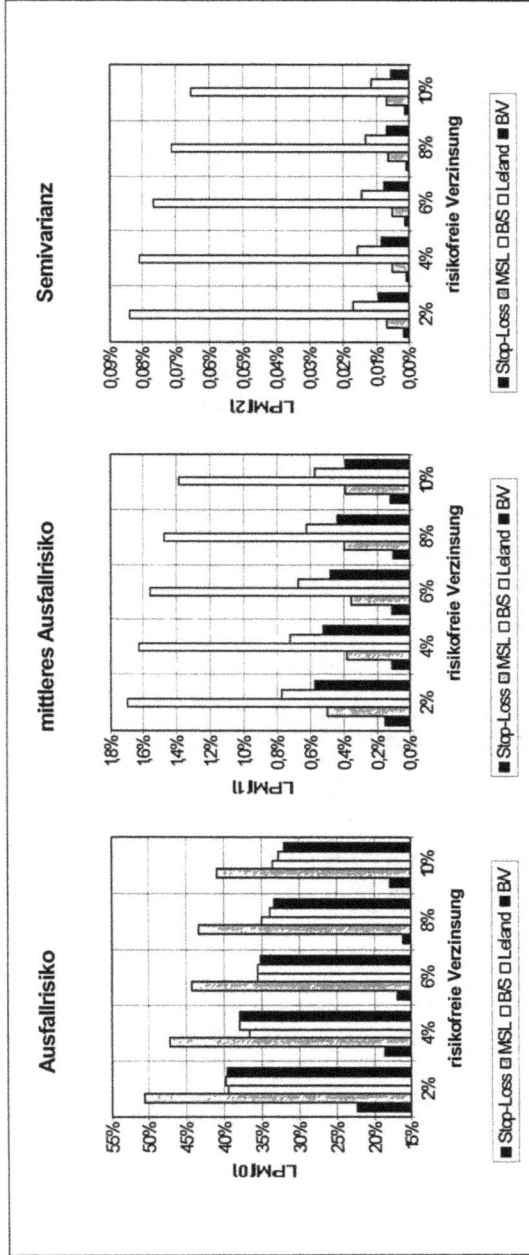

Abbildung 26: LPM₀, LPM₁ und LPM₂ verschiedener PI-Strategien

Insgesamt können die im Rahmen der Simulation erzielten Ergebnisse somit als Bestätigung der Schlußfolgerung Benningas[220] aufgefaßt werden, daß sich auch mit Hilfe der auf den ersten Blick eher primitiv anmutenden Stop-Loss-Strategie eine durchaus gute Umsetzung des Portfolio Insurance-Konzepts erreichen läßt.

4.2.4 Monte Carlo-Simulation auf Basis des ARCH-Modells

4.2.4.1 Der Synthetische Put

4.2.4.1.1 Simulation mit 90-prozentigem Floor

Die Simulation auf Basis des ARCH-Modells ergab vor allem im Falle der drei Replikationsstrategien sehr ähnliche Werte wie der vorige Simulationslauf. Hinsichtlich der Renditeerwartungswerte unterschieden sich die Ergebnisse vor allem in ihrer absoluten Höhe (das Risikoasset erzielte im Mittel eine Rendite von fast 17% statt wie zuvor etwa 14%), die relativen Abweichungen von der Benchmark fielen dagegen im Falle des ARCH-Modells nur unwesentlich niedriger aus als im ersten Durchlauf mit normalverteilten Renditen. Mit zunehmender Unterschätzung der tatsächlichen Volatilität wuchs allerdings diese Differenz zwischen den beiden Simulationen merklich, d.h. der Abstand der zu erwartenden Rendite von derjenigen der Benchmark verringerte sich schneller als noch bei der ersten Simulation.

Noch etwas deutlicher waren die Unterschiede in den Ausfallwahrscheinlichkeiten. Hier lag die ARCH-Simulation – eine korrekt geschätzte Volatilität vorausgesetzt – konstant um rund 2% niedriger als diejenige mit normalverteilten Renditen, und auch die Werte der beiden übrigen Momente LPM_1 und LPM_2 blieben konstant hinter denen des ersten Durchlaufs zurück. Dies legt die Vermutung nahe, daß die Anwendung der Replikationsstrategien innerhalb einer durch einen ARCH-Prozeß beschreibbaren Umgebung zumindest tendenziell zu besseren Ergebnissen führt als in einem Umfeld mit normalverteilten Renditen.

4.2.4.1.2 Simulation mit 95-prozentigem Floor

Stellt man diese Ergebnisse denen des dritten Simulationslaufs mit einem Floor in Höhe von 95% des Anfangsbetrages gegenüber, so ergeben sich vor allem in zweierlei Hinsicht Unterschiede. Zum einen fällt auf, daß bei niedrigen Zinsniveaus zwar ähnliche Renditeabweichungen von der Benchmark auftreten, diese aber bei höherer Verzinsung der risikolosen Anlage deutlich größer ausfallen als zuvor. Zum anderen ist gleichzeitig für alle betrachteten Szenarios ein stark erhöhtes Risiko festzustellen. Während beispielsweise das Ausfallrisiko des ungesicherten Index bei höherem Floor um lediglich 5 Prozentpunkte angestiegen ist, liegt dieser Wert im Falle der

---

[220] Vgl. Benninga, 1990, S. 28.

Replikationsstrategien durchschnittlich 10 bis 20 Prozentpunkte über dem der vorherigen Simulation. Dieses erhöhte Risiko scheint also von den drei optionsbasierten Ansätzen wesentlich schlechter als erwartet kompensiert werden zu können. Für die beiden anderen Lower Partial Moments läßt sich ein ähnliches Fazit ziehen, wenngleich auch der Risikoanstieg hier etwas weniger dramatisch ausfällt.

4.2.4.2 CPPI und TIPP

4.2.4.2.1 Simulation mit 90-prozentigem Floor

Die größten Unterschiede zwischen ARCH- und Normalverteilung traten im Zusammenhang mit CPPI und TIPP auf. Wie der Vergleich von Abbildung 22 und Abbildung 27 zeigt, ergibt sich insbesondere im Falle der CPPI bei zunehmendem Multiplikator eine völlig unterschiedliche Entwicklung der zu erwartenden Abweichung der Strategie von der Benchmarkrendite. Im ARCH-Umfeld verringert sich diese Differenz mit steigendem M, wobei gleichzeitig im Falle kleiner Multiplikatoren ein erheblicher Einfluß der risikofreien Verzinsung auf das Ergebnis festgestellt werden kann. So ergeben sich beispielsweise für M=2 bei risikofreien Zinssätzen von 2% und 10% Rendite-Shortfalls von -7,6% und -4,1%. Liegt der Multiplikator hingegen bei 10, so betragen die entsprechenden Werte bei gleicher Verzinsung -4,98% und -4,49%, bewegen sich also in einer weitaus kleineren Bandbreite. Zudem erreicht die CPPI ihre maximale Abweichung nicht mehr beim niedrigsten Zinsniveau (was bis zu einem Multiplikator von 6 noch der Fall war), sondern erst bei einer risikofreien Verzinsung von 4%.

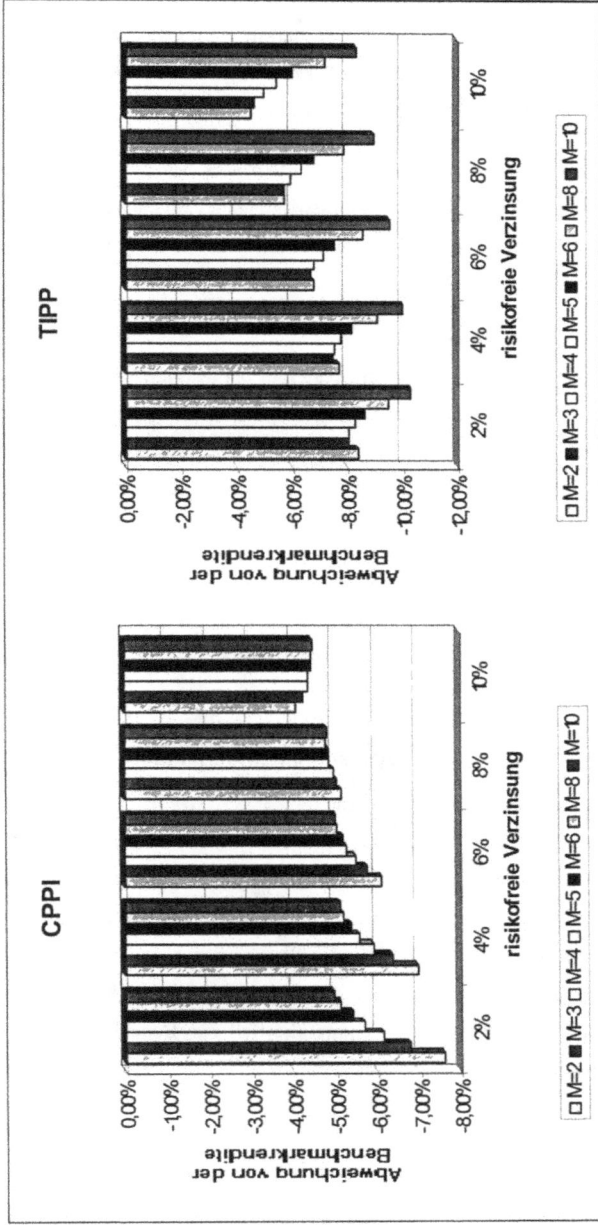

Abbildung 27: Abweichung der CPPI und der TIPP von der Benchmarkrendite im ARCH-Modell

Die Entwicklung der TIPP im ARCH-Umfeld ähnelt insgesamt der bereits im vorigen Simulationslauf beobachteten. Es läßt sich jedoch feststellen, daß insbesondere bei niedrigen Multiplikatoren (d.h. hier zwischen 2 und 5) ein merklich größerer Rendite-Shortfall relativ zur Benchmark hingenommen werden muß als zuvor. Mit steigendem M und steigendem r_f verschiebt sich dieses Verhältnis allerdings wieder zugunsten des ARCH-Modells.

Im Hinblick auf das Ausfallrisiko der CPPI und der TIPP scheinen die geänderten Umweltbedingungen mit keinerlei negativen Auswirkungen verbunden gewesen zu sein. Beide Strategien waren wie schon zuvor über alle betrachteten Szenarien in der Lage, ein Halten des Floor zu 100% (LPM_0=0%) zu garantieren.

4.2.4.2.2 Simulation mit 95-prozentigem Floor

Im Falle der CPPI führt eine leichte Erhöhung des Floor bei Multiplikatoren von 2 und 3 auf allen Zinsniveaus zu einer Verbesserung des Reniteerwartungswerts relativ zur Benchmark. Steigt M auf 4, so sind die entsprechenden Werte beinahe identisch, und aggressivere Strategien schließlich bedeuten eine Verschlechterung des Ergebnisses. Prinzipiell allerdings folgt der Verlauf der Renditen immer genau dem gleichen Muster wie bereits bei der vorigen Simulation.[221]

Etwas anders ist das Bild im Falle der TIPP. Diese erzielt im hier untersuchten Szenario konstant bessere Resultate als noch bei einem Floor von 90%, wenngleich der sich ergebende Shortfall immer noch deutlich über dem der jeweiligen CPPI-Variante liegt. Hinsichtlich des Ausfallrisikos behalten beide Strategien auch bei höherem Floor ihre makellose Bilanz bei.

4.2.4.3 CPPI und TIPP mit volatilitätsgerechtem Multiplikator

4.2.4.3.1 Simulation mit 90-prozentigem Floor

Die Untersuchung von CPPI und TIPP mit einem konstanten, an der tatsächlich eingetretenen Volatilität orientierten Multiplikator liefert das gleiche Bild wie schon im Falle der ersten Simulation. Auch hier folgen die ermittelten Abweichungen von der Benchmarkrendite keinem erkennbaren Muster, und lediglich in Ausnahmefällen werden bessere Ergebnisse erzielt als mit Hilfe der „traditionellen" Formen beider Strategien. Auffällig ist jedoch die ausgesprochen schlechte Performance der CPPI, deren Rendite-Shortfall zur Benchmark in allen betrachteten Szenarien die 10%-Marke deutlich übersteigt.

---

[221] D.h. beispielsweise die Strategien erreichen ihren maximalen Rendite-Shortfall bei der gleichen risikofreien Verzinsung wie zuvor.

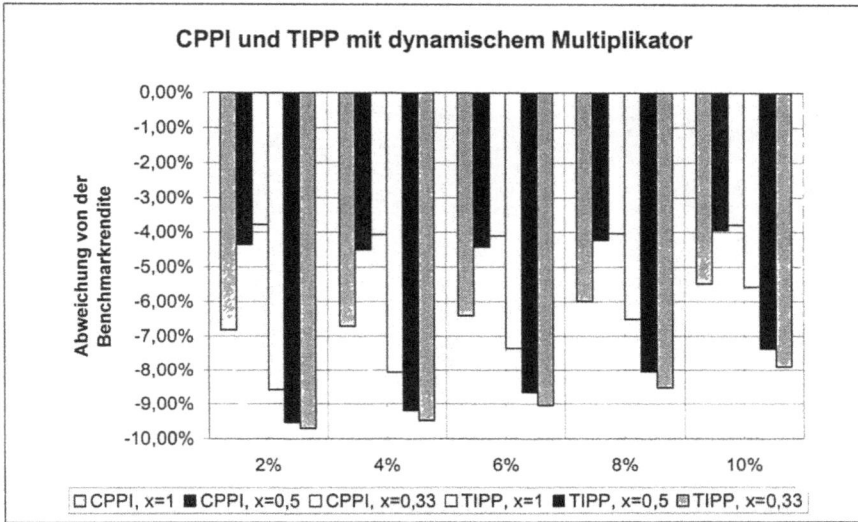

CPPI und TIPP mit dynamischem Multiplikator

Legend: □ CPPI, x=1 ■ CPPI, x=0,5 □ CPPI, x=0,33 □ TIPP, x=1 ■ TIPP, x=0,5 ▨ TIPP, x=0,33

Y-Achse: Abweichung von der Benchmarkrendite (0,00% bis -10,00%)

X-Achse: 2%, 4%, 6%, 8%, 10%

Abbildung 28: Die Performance von CPPI und TIPP bei dynamischem M im ARCH-Modell

Wesentlich positiver fällt demgegenüber die Performance der beiden Strategien bei einer Dynamisierung des Multiplikators auf. Wie der Vergleich obiger Abbildung 28 mit Abbildung 24 der ersten Untersuchung zeigt, unterscheiden sich die Ergebnisse der Simulationen nur marginal voneinander. Lediglich die defensive Variante der TIPP mit x=1 liefert eine merklich geringere (relative) Rendite als zuvor.

Besondere Beachtung verdient zudem das in Abbildung 29 wiedergegebene, sehr gute Ergebnis des dynamischen CPPI-Ansatzes im Vergleich zu den „traditionellen" Formen der Strategie. Während unter der Annahme normalverteilter Renditen beispielsweise eine CPPI mit M=2 bei hoher risikofreier Verzinsung die Black/Scholes-Replikation noch übertreffen konnte, fiel sie in bezug auf den Renditeerwartungswert dieses Mal doch merklich hinter letztere zurück. Die aggressiveren Varianten der CPPI mit dynamischem Multiplikator hingegen konnten ihre Positionen wie erwähnt halten und lassen damit alle Strategien mit konstantem M deutlich hinter sich.

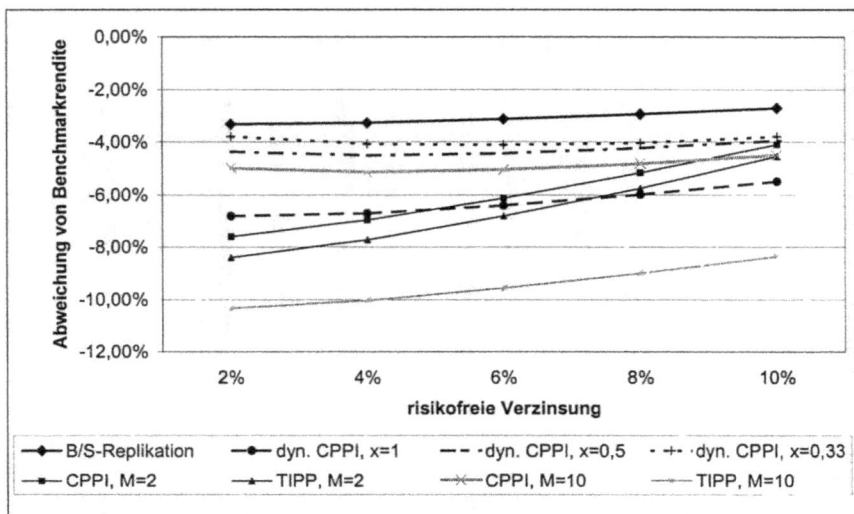

Abbildung 29: Renditeabweichungen alternativer PI-Strategien von der Benchmark im ARCH-Modell

Aber nicht nur in bezug auf den zu erwartenden Rendite-Shortfall, sondern auch hinsichtlich des Ausfallrisikos beider Strategien ergibt sich in einem mit Hilfe eines ARCH-Modells konstruierten Umfeld kein Unterschied zur vorherigen Simulation. Bis auf die aggressivste Form der CPPI bei einem Zinsniveau von 2%, für die sich ein LPM_0 von 0,1% ergibt, wird der Floor von allen untersuchten Varianten gehalten.

4.2.4.3.2 Simulation mit 95-prozentigem Floor

Anders als bei Betrachtung der Ergebnisse der „traditionellen" Strategien zu erwarten gewesen wäre, erzielten sowohl TIPP als auch CPPI mit einem an der tatsächlichen Volatilität orientierten (konstanten) Multiplikator bei höherem Floor insgesamt (relativ) bessere Renditewerte als zuvor. Vor allem die Performance der CPPI erhöhte sich überraschenderweise merklich. Der grundsätzliche, im Rahmen dieser Studie nicht zu erklärende (und daher zuvor etwas salopp als „unsystematisch" bezeichnete) Verlauf hingegen blieb weiter bestehen, erwies sich also zumindest in dieser Hinsicht als stabil.

Betrachtet man schließlich die Entwicklung der beiden Strategien mit dynamischem Multiplikator, so ergibt sich im Falle der TIPP bei höherem Floor eine leichte Verbesserung der beobachteten Werte. Die dynamisierte CPPI hingegen wartet mit einer zum Teil deutlich schlechteren Performance auf, wenngleich festgehalten werden muß, daß ihre aggressiveren Formen bei niedrigem risikofreien Zins in bezug auf den zu erwartenden Rendite-Shortfall noch immer zu den besten CPPI-Varianten zählen. Nicht zu vernachlässigen ist allerdings gerade in diesen Fällen (niedrige Werte für x und r_f) eine zwar geringe, aber doch deutlich beobachtbare Erhöhung des Ausfallrisikos (z.b. von 0,1% auf 0,6% für x=0,33 und r_f=2%).

4.2.4.4 Stop-Loss und Modified Stop-Loss

4.2.4.4.1 Simulation mit 90-prozentigem Floor

Die Untersuchung von Stop-Loss- und Modified Stop-Loss-Ansatz ergibt wie schon im Falle der meisten anderen Strategien einen geringfügig höheren Rendite-Shortfall im Vergleich zur Benchmark als im ersten Simulationslauf. Die Stop-Loss-Strategie beispielsweise liegt nun bei einer risikofreien Verzinsung von 2% ca. 1,74% unterhalb des Referenzportfolios, wobei diese Kluft mit zunehmendem Zins schwindet. Bei der MSL hingegen erreicht die Abweichung von der Benchmark erst bei einem Zins von 6% ihr Maximum und nähert sich ihr anschließend wieder an.

Noch weitaus uneinheitlicher ist das Bild, das sich hinsichtlich der jeweiligen Ausfallrisiken ergibt. So liegen diese Werte beispielsweise im Falle der Stop-Loss-Strategie für risikofreie Zinssätze von vier bis acht Prozent klar höher als noch bei normalverteilten Renditen. Betrachtet man jedoch die beiden Extremwerte dieser Untersuchung, also Verzinsungen von zwei und von zehn Prozent, so findet man ein genau umgekehrtes Verhältnis vor. Und auch für die MSL liegen die Ausfallwahrscheinlichkeiten keineswegs konstant über oder unter denen der vorherigen Simulation, sondern sie bewegen sich mit Werten zwischen 53,6% und 38,1% in einer deutlich größeren Bandbreite als zuvor (50,7% und 41%).

4.2.4.4.2 Simulation mit 95-prozentigem Floor

Auch bei einem Floor von 95% zeigt der Stop-Loss-Ansatz den gleichen Verlauf wie bereits während der zweiten Simulation. Zwar ergeben sich anfangs (d.h. bei niedriger Verzinsung) geringfügig schlechtere Werte für den Rendite-Shortfall zur Benchmark, jedoch wird dieser Unterschied bei zunehmendem Zins sehr schnell kompensiert. Einzig in bezug auf Ausfallrisiko, mittleres Ausfallrisiko und Semivarianz ist eine leichte, aber durchgängige Verschlechterung der Strategie festzustellen.

Auch der Renditenverlauf der MSL erweist sich als relativ unempfindlich gegenüber einer Erhöhung des Floor, wenngleich sich der Shortfall gegenüber der Benchmark auch leicht erhöht. Deutliche Unterschiede treten erst bei der Betrachtung der Lower Partial Moments zutage, denn hier ergibt sich beispielsweise ein mit Werten zwischen 10 und 15 Prozentpunkten erheblich gestiegenes Ausfallrisiko, und auch die entsprechenden LPM_1 und LPM_2 liegen im Vergleich zur vorigen Simulation merklich höher. In diesem Punkt erinnert der Verlauf der MSL stark an das Verhalten der drei Strategien des Synthetischen Put, und zwar sowohl hinsichtlich der absoluten Zahlen als auch der Intensität der Reaktion auf den höheren Floor.

4.3 Fazit der empirischen Untersuchungen

Im Mittelpunkt dieses Kapitels stand die Beurteilung der im dritten Abschnitt vorgestellten Portfolio Insurance-Strategien aus empirischer Sicht. Einige der wesentlichen Ergebnisse der hier vorgestellten Studien – insbesondere der eigenen Monte Carlo-Simulation – sollen im folgenden noch einmal kurz zusammengefaßt werden.

Als überraschend sind beispielsweise die offensichtlichen Mängel (oder, in Anbetracht des Titels dieser Arbeit: Grenzen) der drei synthetischen Replikationsstrategien im Hinblick auf ihre Absicherungswirkung zu bezeichnen. Hier offenbaren sich dem Portfolio Insurer die mit der (im Rahmen der theoretischen Diskussion dieser Ansätze vorgenommenen) Unterstellung vollkommener Märkte verbundenen Probleme. Unter realitätsnäheren Bedingungen brechen die Strategien geradezu ein, wobei allerdings festgehalten werden muß, daß die Versuche von Leland und Boyle/Vorst, derartige Friktionen abzubilden (Transaktionskosten bei Leland, Transaktionskosten und diskrete Portfoliorevisionen bei Boyle/Vorst), bereits zu merklich besseren Ergebnissen in bezug auf die Absicherungsqualität geführt haben als noch im ursprünglichen Black/Scholes-Modell. Bemerkenswert ist ferner die in bestimmten Wertebereichen hohe Reagibilität aller drei Strategien auf Veränderungen der in das Replikationsmodell eingehenden Volatilität (bzw. Volatilitätsschätzung). Diese Erkenntnis stellt insbesondere für die praktische Anwendung eine wertvolle Information (oder besser: Möglichkeit) im Hinblick auf die häufig anzutreffende, aktive Steuerung der Rendite-Risiko-Charakteristika der Strategien dar.[222]

Die CPPI und die TIPP – unabhängig ob in ihrer ursprünglichen oder der hier vorgestellten, modifizierten Form – überzeugen in erster Linie hinsichtlich des Kriteriums, das den zuvor beschriebenen Ansätzen die größten Probleme bereitete, nämlich der Absicherungswirkung. Ein Unterschreiten des vorher definierten Floor stellte sich bei beiden Strategien in allen empirischen Untersuchungen als ausgesprochen unwahrscheinlich heraus.[223] Was die Renditeerwartungswerte dieser Ansätze angeht, lassen sich jedoch kaum verallgemeinernde Aussagen treffen. Zwar liegt der zu erwartende Rendite-Shortfall relativ zur Benchmark zumeist etwas schlechter als die drei Replikationsstrategien und nimmt oft mit steigendem Multiplikator zu, jedoch ergeben sich für

---

[222] Gemeint ist die bereits angesprochene, bewußte Über- oder Unterschätzung der Volatilität zur Beeinflussung von Renditeerwartungswert und Absicherungsqualität.
[223] Was zumindest zum Teil dadurch begründet sein dürfte, daß aufgrund des bereits aus dem dritten Kapitel bekannten Zusammenhangs zwischen der Höhe des Multiplikators und des maximal tragbaren Kurssturzes allzu „aggressive" Strategien von vornherein nicht in die Untersuchungen einbezogen wurden.

bestimmte Zinsniveaus bei einzelnen Strategien genau entgegengesetzte Entwicklungen. Hier ist somit eine detailliertere Betrachtung der genauen Simulationsergebnisse erforderlich.

Die Modified Stop-Loss-Strategie erweist sich im Hinblick auf den Rendite-Shortfall als eines der besten Verfahren, hat allerdings Schwächen (Grenzen) in bezug auf die Absicherungswirkung. Die reine Stop-Loss-Strategie schließlich erbringt konstant die höchste Rendite (relativ zu derjenigen der Benchmark) und liegt hinsichtlich der Qualität der Absicherung zwischen CPPI bzw. TIPP und den übrigen Portfolio Insurance-Verfahren.

„There's no such thing as a free lunch."[224]

5 Möglichkeiten und Grenzen der Portfolio Insurance – Ein Fazit

5.1 Zusammenfassung

Zum Abschluß dieser Arbeit sollen einige der wesentlichen Ergebnisse der vorangegangenen Kapitel noch einmal zusammengefaßt werden. Nach einer kurzen Einleitung wurde im zweiten Kapitel in erster Linie auf die Grundidee der Porfolio Insurance eingegangen und gefragt, für welchen Anlegertyp ein solches Konzept überhaupt nur nutzenoptimierend sein kann. Als potentieller Nachfrager von Portfolio Insurance wurde in diesem Zusammenhang der Anleger mit abnehmender (absoluter) Risikoaversion und einer Präferenz für konvexe Auszahlungsprofile identifiziert.

Das dritte Kapitel stand dann im Zeichen der Systematisierung und detaillierten Beschreibung verschiedener Portfolio Insurance-Strategien. Insbesondere wurden hier verschiedene Möglichkeiten aufgezeigt, die bereits bekannten Ansätze wie den Synthetischen Put oder die Constant Proportion Portfolio Insurance zu modifizieren (beispielsweise durch die Integration von Transaktionskosten in das Grundmodell oder durch die Dynamisierung des Multiplikators), um auf diese Weise deren Performance im praktischen Einsatz zu verbessern.

Ob und inwieweit dies gelungen ist, war u.a. Gegenstand des vierten Kapitels. Hier zeigte sich zum einen, daß die vorgeschlagenen Modifikationen in verschiedenen Bereichen durchaus zu merklichen Ergebnisverbesserungen führen konnten. Zum anderen wurde aber auch deutlich, daß selbst eine auf den ersten Blick aufgrund ihrer Einfachheit vielleicht als zu primitiv abgetane Stop-Loss-Strategie den hier gestellten Anforderungen streckenweise eher gerecht wird als so mancher komplexere Ansatz.

5.2 Ausblick

Welche Schlußfolgerungen lassen sich nun für die weitere Entwicklung der Portfolio Insurance aus den vorangegangenen Kapiteln ziehen? Als wohl wichtigstes Fazit kann an dieser Stelle festgehalten werden, daß trotz der mittlerweile gerade in der angloamerikanischen Literatur vorzufindenden Fülle gleichermaßen theoretischer wie empirischer Abhandlungen die Grenzen dieses Instruments anscheinend noch lange nicht erreicht sind. So zeigt bereits das im Rahmen dieser Arbeit vorgestellte Konzept eines dynamischen Multiplikators mit seiner vergleichsweise

---

[224] Vgl. Hessen, 1988, S. 450.

einfachen Modifikation einer bekannten Strategie, welche bislang noch unausgeschöpften Möglichkeiten die Portfolio Insurance bietet. Die guten Ergebnisse im Verlaufe der Monte Carlo-Simulation können somit als Motivation zu weiterer Forschung auf diesem Gebiet betrachtet werden.

Aber auch in anderen Bereichen eröffnen sich der Portfolio Insurance durchaus noch weitere Entwicklungsmöglichkeiten. So wurde sie in dieser Arbeit in erster Linie in ihrer ursprünglichen Form als passive und damit prognoseunabhängige Methode des Portfolio Management betrachtet. Denkbar ist allerdings auch ihre Verwendung im Rahmen eines aktiven oder zumindest semiaktiven Ansatzes. Dies wäre beispielsweise der Fall, wenn ein Anleger mit einem anderen als dem im zweiten Kapitel vorgestellten (asymmetrischen) Risikoverständnis aufgrund seiner persönlichen Einschätzung des Marktes Strategien der Portfolio Insurance einsetzen und dadurch aktiv von seiner Benchmark abweichen würde – in der Hoffnung, auf diese Weise eine signifikante Überrendite zu erzielen.[225]

Zusammenfassend läßt sich zum Abschluß dieser Arbeit festhalten, daß es sich bei den unter dieser Bezeichnung zusammengefaßten Verfahren trotz ihrer unbestreitbaren Grenzen um ausgesprochen wertvolle „Tools" im Rahmen des Portfolio Management handelt, die einer Vielzahl von Anlegern die Möglichkeit zur Maximierung ihres eigenen Nutzens bieten. Allerdings ist dieses Instrument nicht für alle Typen von Anlegern gleichermaßen geeignet und verspricht (wie insbesondere der empirische Teil gezeigt hat) seinem Anwender auch keinen „Free Lunch". Vor diesem Hintergrund läßt sich das Wesen der Portfolio Insurance wohl am treffendsten mit den Worten von Estep und Kritzman charakterisieren:

„It is not a free lunch, but a much tastier lunch."[226]

---

[225] Vgl. Bossert/Burzin, 1998, S. 236.
[226] Estep/Kritzman, 1988, S. 38.

Anhang

Formelsammlung

Gleichung 1: $C = S - X(1+r_f)^{-t} + P$

Gleichung 2: $S + P = C + X(1+r_f)^{-t}$

Gleichung 3: $C = S\,N(d_1) - \dfrac{X}{e^{rT}}\,N(d_2)$

Gleichung 3a: $d_1 = \dfrac{\ln\dfrac{S}{X} + (r_f + \dfrac{\sigma^2}{2})\,T}{\sigma\sqrt{T}}$

Gleichung 3b: $d_2 = d_1 - \sigma\sqrt{T}$

Gleichung 4: $S - \dfrac{X}{e^{rT}} + P = S\,N(d_1) - N(d_2)\dfrac{X}{e^{rT}}$

Gleichung 5: $S + P = S\,N(d_1) + \dfrac{X}{e^{rT}}[1 - N(d_2)]$

Gleichung 6: $X = F/V_0\,(S_0 + P_0(X))$

Gleichung 7: $w_{A,t} = \dfrac{S_t N(d_1)}{S_t N(d_1) + X\,e^{-rT}(1 - N(d_2))}$

Gleichung 8: $\sigma_L = \sigma\sqrt{1 + \sqrt{\dfrac{2}{\pi}} \cdot \dfrac{k}{\sigma\sqrt{\Delta t}}}$

Gleichung 9: $\sigma_{BV} = \sigma\sqrt{1 + 2 \cdot \dfrac{k}{\sigma\sqrt{\Delta t}}}$

Gleichung 10: $V_t = Fe^{-rT}$

Gleichung 11: $F = E_1 - x_t + x_t\,e^{rT}$

Gleichung 12: $F = E_t + x_{t-1}\,e^{r}\,e^{rT} - x_t + x_t\,e^{rT}$

Gleichung 13: $E = M\,C$

Gleichung 14: $\quad \dfrac{1}{M} < r_{neg}$

Gleichung 15: $\quad M = \dfrac{1}{\sigma_S x}$

Gleichung 16: $\quad r_t = u_t\, h_t^{0,5}$

Gleichung 17: $\quad LPM_n := \begin{cases} \dfrac{(R_{min} - R_1)^n + (R_{min} - R_2)^n + ... + (R_{min} - R_i)^n}{N} & \text{für } R_i < R_{min} \\ 0 & \text{für } R_i \geq R_{min} \end{cases}$

Ergebnisse der Monte Carlo-Simulation

Portfolio Insurance bei normalverteilten Renditen
(Anlagebetrag 1.000.000 GE, Floor 900.000 GE)

	Mittelwert					Abweichung von Benchmark					LPM(0)					LPM(1)					LPM(2)				
	Zins 2%	Zins 4%	Zins 6%	Zins 8%	Zins 10%	Zins 2%	Zins 4%	Zins 6%	Zins 8%	Zins 10%	Zins 2%	Zins 4%	Zins 6%	Zins 8%	Zins 10%	Zins 2%	Zins 4%	Zins 6%	Zins 8%	Zins 10%	Zins 2%	Zins 4%	Zins 6%	Zins 8%	Zins 10%
Index	1.020.201	1.040.811	1.061.837	1.083.287	1.105.171	3,92%	2,85%	2,03%	1,43%	-1,94%	0%	0%	0%	0%	0%	0%	0%	0%	0%	0%	0%	0%	0,3608%	0%	0%
risikofreie Anlage			1.138.211			-6,85%	-5,95%	-4,62%	-3,49%	-1,94%			21,7%					2,2477%					0,3608%		
Index mit Put (B/S)																									
Vola 40% überschätzt	1.038.288	1.051.886	1.064.604	1.075.184	1.084.004	-5,99%	-4,95%	-4,57%	-4,19%	-3,82%	0%	0%	0%	0%	0%	0%	0%	0%	0%	0%	0,0002%	0,0002%	0,0003%	0,0002%	0,0001%
Vola 20% überschätzt	1.005.987	1.079.512	1.090.480	1.099.335	1.106.555	2,67%	-2,46%	2,25%	2,03%	1,82%	0%	0%	0%	0%	0%	0%	0%	0%	0%	0%	0,0174%	0,0174%	0,0174%	0,0174%	0,0157%
tats. Vola (überschätzt)	**1.056.278**	**1.105.684**	**1.110.606**	**1.124.143**	**1.137.694**	**0%**	**0%**	**0%**	**1,76%**	**1,54%**	**0%**	**0%**	**0%**	**0%**	**0%**	**0%**	**0%**	**0%**	**0%**	**0%**	**0%**	**0%**	**0%**	**0%**	**0%**
Vola 20% unterschätzt	1.124.265	1.132.207	1.137.918	1.143.881	1.148.348	2,64%	2,91%	3,67%	4,32%	3,67%	0%	0%	0%	0%	0%	0%	0%	0%	0%	0%	0%	0%	0%	0%	0%
Vola 40% unterschätzt	1.150.525	1.154.501	1.156.965	1.157.296	1.157.032	5,04%	4,32%	3,67%	3,13%	2,68%	0%	0%	0%	0%	0%	0%	0%	0%	0%	0%	0%	0%	0%	0%	0%
B/S-Replikation																									
Vola 40% überschätzt	1.047.665	1.060.889	1.072.329	1.082.430	1.091.376	-4,35%	-4,14%	-3,88%	-3,54%	-3,16%	24,9%	18,9%	13,2%	10,42%	0,0828%	0,0711%	0,0512%	0,0349%	0,0005%	0,0031%	0,0063%	0,0091%	0,0120%	0,0157%	0,0001%
Vola 20% überschätzt	1.051.183	1.063.493	1.074.201	1.083.553	1.091.828	-4,03%	-3,80%	3,71%	-3,44%	3,12%	35,9%	34,0%	32,9%	8,181%	0,8290%	0,7767%	0,7265%	6,743%	0,0206%	0,0191%	0,0176%	0,0174%	0,0157%	0,0157%
tatsächliche Vola	1.055.564	1.067.169	1.077.143	1.085.561	1.092.892	3,63%	-3,57%	3,69%	1,25%	-3,00%	35,9%	35,9%	33,9%	1,6828%	1,6920%	1,6270%	1,5622%	1,3697%	0,0838%	0,0800%	0,0770%	0,0742%	0,0655%
Vola 20% unterschätzt	1.061.732	1.072.691	1.080.888	1.088.415	1.095.386	-3,06%	3,13%	3,11%	2,53%	2,62%	37,5%	35,5%	33,8%	2,5375%	2,4250%	2,3129%	2,0204%	2,0920%	0,1954%	0,1857%	0,1742%	0,1523%	0,1502%
Vola 40% unterschätzt	1.068.642	1.078.721	1.086.332	1.092.799	1.098.398	2,34%	2,53%	2,53%	2,53%	2,94%	37,9%	34,8%	34,1%	3,3233%	3,1673%	3,0190%	2,8734%	2,7307%	0,3328%	0,3228%	0,3092%	0,2920%	0,2824%
Leland-Replikation																									
Vola 40% überschätzt	1.044.465	1.058.394	1.070.734	1.081.789	1.091.557	-4,64%	-4,37%	-4,02%	-3,60%	-3,15%	16,7%	9,6%	2,9%	0,2477%	0,2177%	0,1398%	0,0862%	0,0046%	0,0001%	0,0001%	0%	0%	0%
Vola 20% überschätzt	1.047.106	1.060.474	1.072.050	1.082.283	1.091.326	-4,40%	-4,19%	3,90%	-3,44%	3,14%	13,9%	5,9%	3,5%	1,7205%	0,7224%	0,6349%	0,6350%	0,5784%	0,0188%	0,0157%	0,0130%	0,0115%	0,0118%
tatsächliche Vola	1.052.598	1.063.029	1.073.853	1.083.312	1.091.640	-3,85%	-3,74%	3,49%	3,49%	3,07%	35,9%	35,9%	32,8%	1,6020%	1,5352%	1,4765%	1,3958%	1,3119%	0,0740%	0,0716%	0,0690%	0,0638%	0,0584%
Vola 20% unterschätzt	1.063.762	1.066.603	1.076.754	1.085.365	1.092.704	-3,11%	-3,62%	3,48%	3,48%	3,16%	39,5%	35,9%	33,4%	2,4783%	2,4763%	2,3497%	2,2595%	2,1925%	0,1490%	0,1449%	0,1406%	0,1545%	1,4300%
Vola 40% unterschätzt	1.081.220	1.071.947	1.080.512	1.088.117	1.094.781	-3,11%	-3,17%	-3,17%	-3,23%	3,10%	35,9%	38,7%	33,6%										
Boyle/Vorst-Repl.																									
Vola 40% überschätzt	1.043.854	1.057.914	1.070.449	1.081.663	1.091.689	-4,70%	-4,05%	-3,89%	-3,69%	-3,14%	39,9%	0,3%	16,9%	0,0985%	0,0139%	0,0052%	0,0006%	0,0049%	0,0009%	0,0003%	0%	0%	0%
Vola 20% überschätzt	1.046.324	1.059.832	1.071.700	1.080.094	1.089.332	-4,47%	-4,23%	-3,67%	-3,57%	3,57%	38,9%	0,3%	32,1%	0,5692%	0,5267%	0,6349%	0,4843%	1,9393%	0,0007%	0,0007%	0%	0%	0,6250%
tatsächliche Vola	1.049.719	1.062.298	1.073.319	1.081.483	1.091.493	-4,16%	-3,89%	3,49%	-3,49%	3,07%	39,9%	35,9%	33,4%	1,4010%	1,3370%	1,2750%	1,2195%	1,4699%	0,0096%	0,0086%	0,0061%	0,0485%	0,0441%
Vola 20% unterschätzt	1.053.762	1.065.614	1.075.874	1.084.766	1.092.402	-3,79%	3,71%	3,60%	3,60%	3,07%	37,2%	35,9%	34,7%	2,2886%	2,3687%	2,9833%	1,9853%	1,8829%	0,0590%	0,0541%	0,0513%	1,4904%	1,2111%
Vola 40% unterschätzt	1.059.788	1.070.485	1.079.540	1.087.380	1.094.138	3,24%	3,27%	3,23%	3,27%	2,92%	37,9%	36,9%	34,0%										
CPPI																									
M = 2	1.038.942	1.055.772	1.072.253	1.088.395	1.104.205	-5,14%	-3,69%	-3,69%	-3,01%	-2,02%	0%	0%	0%	0%	0%	0%	0%	0%	0%	0%	0%	0%	0%	0%	0%
M = 3	1.037.554	1.051.665	1.065.334	1.079.249	1.090.755	-5,27%	-4,97%	-4,52%	-3,91%	-3,22%	0%	0%	0%	0%	0%	0%	0%	0%	0%	0%	0%	0%	0%	0%	0%
M = 4	1.032.980	1.046.598	1.057.167	1.069.253	1.081.199	-5,68%	-5,07%	-5,87%	-4,50%	-3,58%	0%	0%	0%	0%	0%	0%	0%	0%	0%	0%	0%	0%	0%	0%	0%
M = 5	1.030.598	1.040.598	1.050.772	1.060.384	1.069.724	-5,97%	-5,57%	-5,02%	-5,00%	-4,92%	0%	0%	0%	0%	0%	0%	0%	0%	0%	0%	0%	0%	0%	0%	0%
M = 6	1.029.797	1.039.507	1.047.628	1.059.400	1.064.759	-6,07%	-6,09%	-6,09%	-5,89%	-5,59%	0%	0%	0%	0%	0%	0%	0%	0%	0%	0%	0%	0%	0%	0%	0%
M = 8	1.032.487	1.040.033	1.047.814	1.055.331	1.062.885	-5,73%	-6,00%	-5,93%	-5,95%	-5,71%	0%	0%	0%	0%	0%	0%	0%	0%	0%	0%	0%	0%	0%	0%	0%
M = 10	1.041.939	1.048.878	1.054.983	1.061.062	1.066.650	-4,87%	-5,24%	-5,44%	-5,44%	-5,39%	0%	0%	0%	0%	0%	0%	0%	0%	0%	0%	0%	0%	0%	0%	0%
tats. Vola x=1	1.011.490	1.003.832	1.021.948	1.005.590	1.009.802	-7,65%	-9,31%	-10,25%	-6,83%	-10,69%	0%	0%	0%	0%	0%	0%	0%	0%	0%	0%	0%	0%	0%	0%	0%
tats. Vola x=5	1.001.443	1.031.849	1.009.180	1.001.569	1.041.196	-6,28%	-6,76%	-9,94%	-10,75%	-7,62%	0%	0%	0%	0%	0%	0%	0%	0%	0%	0%	0%	0%	0%	0%	0%
tats. Vola x=0,33	1.001.678	1.031.873	1.034.460	1.001.739	1.052.991	9,11%	-6,49%	-8,69%	-9,09%	-11,71%	0%	0%	0%	0%	0%	0%	0%	0%	0%	0%	0%	0%	0%	0%	0%
dynamisch x=1	1.048.495	1.053.770	1.060.799	1.067.497	1.073.627	-4,73%	-5,87%	-6,09%	-6,09%	-5,63%	0%	0%	0%	0%	0%	0%	0%	0%	0%	0%	0%	0%	0%	0%	0%
dynamisch x=5	1.048.485	1.053.770	1.060.799	1.067.497	1.073.827	-4,45%	-4,78%	-4,61%	-4,11%	-4,27%	0,0030%	0%	0%	0%	0%	0%	0%	0%	0%	0%	0%	0%	0%	0%	0%
dynamisch x=0,33	1.059.867	1.063.743	1.069.813	1.074.158	1.078.848	-3,23%	-3,88%	-11%	-11%	-4,27%	0%	0%	0%	0%	0%	0%	0%	0%	0%	0%	0%	0%	0%	0%	0%
TIPP																									
M = 2	1.034.198	1.051.753	1.069.353	1.087.086	1.104.978	5,58%	-4,95%	4,15%	-3,13%	-3,13%	0%	0%	0%	0%	0%	0%	0%	0%	0%	0%	0%	0%	0,0013%	0,0012%	0,0018%
M = 3	1.032.321	1.048.699	1.064.685	1.081.170	1.097.415	5,75%	-5,24%	-5,54%	-5,44%	-3,65%	0%	0%	0%	0%	0%	0%	0%	0%	0%	0%	0%	0%	0,0013%	0,0010%	0%
M = 4	1.026.481	1.041.752	1.056.777	1.069.527	1.086.373	-6,26%	-5,87%	-5,27%	-4,50%	-3,61%	0%	0%	0%	0%	0%	0%	0%	0%	0%	0%	0%	0%	0,0051%	0,0054%	0%
M = 5	1.032.694	1.046.537	1.060.135	1.073.510	1.080.393	-5,28%	-6,69%	-5,89%	-5,53%	-4,76%	0%	0%	0%	0%	0%	0%	0%	0%	0%	0%	0%	0%	0%	0%	0%
M = 6	1.002.864	1.024.125	1.018.137	1.025.318	1.035.990	-7,60%	-7,59%	-7,09%	-6,91%	-4,59%	0%	0%	0%	0%	0%	0%	0%	0%	0%	0%	0%	0%	0%	0%	0%
M = 8	983.732	1.004.796	1.015.916	1.025.918	1.035.990	-9,27%	-9,21%	-9,17%	-8,99%	-8,49%	0%	0%	0%	0%	0%	0%	0%	0%	0%	0%	0%	0%	0%	0%	0%
M = 10	982.102	991.087	999.754	1.008.273	1.016.499	-10,33%	-10,46%	-10,75%	-10,15%	-10,15%	0%	0%	0%	0%	0%	0%	0%	0%	0%	0%	0%	0%	0%	0%	0%
tats. Vola x=1	1.026.533	993.404	987.698	1.041.793	1.004.462	6,28%	10,24%	11,65%	7,19%	10,79%	0%	0%	0%	0%	0%	0%	0%	0%	0%	0%	0%	0%	0%	0%	0%
tats. Vola x=5	995.536	1.056.791	1.015.151	1.003.074	1.071.620	9,11%	9,11%	9,20%	-10,81%	-4,92%	0%	0%	0%	0%	0%	0%	0%	0%	0%	0%	0%	0%	0%	0%	0%
tats. Vola x=0,33	1.025.509	1.010.619	1.086.330	1.035.954	1.018.103	6,37%	-8,89%	-7,72%	-7,72%	-9,90%	0%	0%	0%	0%	0%	0%	0%	0%	0%	0%	0%	0%	0%	0%	0%
dynamisch x=1	1.021.958	1.036.574	1.051.448	1.066.930	1.080.393	6,75%	5,54%	-5,08%	-5,08%	-4,14%	0%	0%	0%	0%	0%	0%	0%	0%	0%	0%	0%	0%	0%	0%	0%
dynamisch x=5	997.929	1.019.818	1.028.798	1.038.648	1.047.534	-7,52%	-7,59%	-6,85%	-6,43%	-5,08%	0%	0%	0%	0%	0%	0%	0%	0%	0%	0%	0%	0%	0%	0%	0%
dynamisch x=0,33	995.881	1.004.844	1.010.402	1.017.816	1.024.294	-9,08%	-9,37%	-9,43%	-9,43%	-9,03%	0%	0%	0%	0%	0%	0%	0%	0%	0%	0%	0%	0%	0%	0%	0%
Stop-Loss	1.097.645	1.107.607	1.116.549	1.123.973	1.127.797	0,22%	0,06%	0,09%	0,09%	0,16%	22,4%	18,6%	15,2%	0,1520%	0,1152%	0,1123%	0,1035%	0,1245%	0,0179%	0,0125%	0,0133%	0,0051%	0,0018%
Modified Stop-Loss	1.099.564	1.105.545	1.110.465	1.112.081	1.113.674	0,39%	-0,10%	-0,49%	-0,90%	-1,19%	50,7%	47,3%	44,3%	0,4654%	0,3760%	0,3577%	0,4001%	0,3914%	0,0370%	0,0354%	0,0512%	0,0067%	0,0060%

Planungsprozent 1 Jahr (Börsentägliche Anpassung) 250 Börsentage) Simulation über 1000 Jahre

Portfolio Insurance im ARCH-Modell

(Anlagebetrag 1.000.000 GE, Floor 900.000 GE)

Column groups: **Mittelwert** · **Abweichung von Benchmark** · **LPM(0)** · **LPM(1)** · **LPM(2)** — each subdivided by Zins 2%, Zins 4%, Zins 6%, Zins 8%, Zins 10%.

Row labels:

Index

risikofreie Anlage

Index mit Put (B/S)
- Vola 40% überschätzt
- Vola 20% überschätzt
- tats. Vola (Benchmark)
- Vola 20% unterschätzt
- Vola 40% unterschätzt

B/S-Replikation
- Vola 40% überschätzt
- Vola 20% überschätzt
- tatsächliche Vola
- Vola 20% unterschätzt
- Vola 40% unterschätzt

Leland-Replikation
- Vola 40% überschätzt
- Vola 20% überschätzt
- tatsächliche Vola
- Vola 20% unterschätzt
- Vola 40% unterschätzt

Boyle/Vorst-Repl.
- Vola 40% überschätzt
- Vola 20% überschätzt
- tatsächliche Vola
- Vola 20% unterschätzt
- Vola 40% unterschätzt

CPPI
- M = 2
- M = 4
- M = 5
- M = 6
- M = 8
- M = 10
- tats. Vola x=1
- tats. Vola x=0,5
- tats. Vola x=0,33
- dynamisch x=1
- dynamisch x=0,5
- dynamisch x=0,33

TPP
- M = 2
- M = 3
- M = 4
- M = 5
- M = 6
- M = 10
- tats. Vola x=1
- tats. Vola x=0,5
- tats. Vola x=0,33
- dynamisch x=1
- dynamisch x=0,5
- dynamisch x=0,33

Stop-Loss

Modified Stop-Loss

Planungshorizont 1 Jahr (börsentägliche Anpassung, 250 Börsentage), Simulation über 1000 Jahre

Portfolio Insurance im ARCH-Modell

(Anlagebetrag 1.000.000 GE, Floor 950.000 GE)

	Mittelwert Zins 2%	Mittelwert Zins 4%	Mittelwert Zins 6%	Mittelwert Zins 8%	Mittelwert Zins 10%	Abweichung von Benchmark Zins 2%	Abweichung von Benchmark Zins 4%	Abweichung von Benchmark Zins 6%	Abweichung von Benchmark Zins 8%	Abweichung von Benchmark Zins 10%
Index			1 167 061			5,08%	3,54%	2,36%	1,46%	0,77%
risikofreie Anlage	1 020 201	1 040 811	1 061 837	1 083 287	1 105 171	6,85%	5,95%	-4,82%	3,46%	1,94%
Index mit Put (B/S)										
Vola 40% überschätzt	1 051 195	1 071 035	1 087 902	1 102 075	1 113 492	-5,35%	-4,98%	-4,58%	-4,19%	-3,85%
Vola 20% überschätzt	1 080 303	1 099 496	1 114 545	1 126 651	1 136 398	-2,73%	-2,46%	-2,25%	-2,05%	-1,88%
tats. Vola (Benchmark)	**1.110.624**	**1.127.208**	**1.140.147**	**1.160.226**	**1.168.128**	**0%**	**0%**	**0%**	**0%**	**0%**
Vola 20% unterschätzt	1 140 039	1 154 103	1 164 590	1 171 840	1 176 998	2,65%	2,39%	2,14%	1,88%	1,63%
Vola 40% unterschätzt	1 168 900	1 178 833	1 185 395	1 189 559	1 192 002	5,25%	4,58%	3,97%	3,42%	2,92%
B/S-Replikation										
Vola 40% überschätzt	1 063 189	1 080 613	1 095 801	1 109 049	1 120 557	-4,27%	-4,13%	-3,89%	-3,58%	3,24%
Vola 20% überschätzt	1 068 084	1 084 866	1 099 059	1 111 308	1 121 946	-3,83%	3,76%	3,60%	3,38%	3,12%
tatsächliche Vola	1 073 799	1 089 420	1 102 630	1 113 903	1 123 680	-3,32%	-3,35%	-3,29%	-3,16%	-2,97%
Vola 20% unterschätzt	1 079 955	1 094 561	1 106 844	1 116 932	1 125 569	-2,76%	-2,90%	-2,92%	-2,89%	-2,81%
Vola 40% unterschätzt	1 087 293	1 100 382	1 111 152	1 120 182	1 127 884	2,10%	2,38%	2,54%	-2,61%	2,61%
Leland-Replikation										
Vola 40% überschätzt	1 057 470	1 076 117	1 092 189	1 106 418	1 119 041	-4,79%	-4,53%	-4,21%	-3,81%	-3,38%
Vola 20% überschätzt	1 062 071	1 079 658	1 095 031	1 108 514	1 120 227	-4,37%	-4,22%	3,96%	3,63%	3,27%
tatsächliche Vola	1 066 892	1 083 858	1 098 304	1 110 755	1 121 596	-3,94%	-3,85%	-3,67%	-3,43%	-3,15%
Vola 20% unterschätzt	1 072 716	1 088 493	1 101 903	1 113 357	1 123 270	-3,41%	-3,43%	-3,35%	-3,21%	-3,01%
Vola 40% unterschätzt	1 078 989	1 093 726	1 106 220	1 116 491	1 125 265	-2,85%	-2,97%	-2,98%	-2,93%	-2,84%
Boyle/Vorst-Repl.										
Vola 40% überschätzt	1 056 243	1 075 140	1 091 445	1 105 884	1 118 735	-4,90%	-4,62%	-4,27%	-3,86%	-3,40%
Vola 20% überschätzt	1 060 857	1 078 614	1 094 180	1 107 862	1 119 903	-4,48%	-4,31%	-4,03%	-3,68%	-3,30%
tatsächliche Vola	1 065 523	1 082 611	1 097 443	1 110 115	1 121 200	-4,06%	-3,96%	-3,75%	-3,49%	3,19%
Vola 20% unterschätzt	1 071 225	1 087 279	1 100 947	1 112 664	1 122 792	3,55%	3,54%	3,44%	-3,27%	-3,05%
Vola 40% unterschätzt	1 077 442	1 092 442	1 105 056	1 115 786	1 124 788	2,99%	3,08%	-3,08%	-2,99%	2,88%
CPPI										
M = 2	1 036 050	1 055 859	1 075 248	1 094 231	1 112 817	6,71%	-6,33%	-5,69%	-4,87%	3,91%
M = 3	1 041 630	1 060 291	1 078 164	1 095 305	1 111 729	-5,21%	-5,94%	-5,44%	-4,77%	-4,01%
M = 4	1 043 771	1 061 038	1 077 345	1 092 833	1 107 574	-6,02%	-5,87%	-5,51%	-4,98%	-4,37%
M = 5	1 045 702	1 061 947	1 077 086	1 091 153	1 104 426	-5,85%	-5,79%	-5,53%	-5,14%	-4,64%
M = 6	1 046 438	1 061 874	1 076 276	1 089 890	1 102 781	5,78%	-5,80%	-5,60%	-5,25%	-4,78%
M = 8	1 046 114	1 060 605	1 074 319	1 087 364	1 098 739	-5,81%	-5,91%	-5,77%	-5,47%	-5,13%
M = 10	1 043 171	1 057 092	1 070 205	1 082 192	1 093 812	-6,07%	-6,22%	-6,13%	-5,91%	-5,55%
tats. Vola x=1	1 014 406	1 009 325	1 004 725	1 028 037	1 017 841	-8,66%	-10,46%	-11,88%	-10,62%	-12,11%
tats. Vola x=0,5	1 009 440	1 040 834	1 025 247	1 013 261	1 052 848	-9,11%	-7,66%	-10,08%	-11,91%	-9,09%
tats. Vola x=0,33	1 031 688	1 016 358	1 064 128	1 037 290	1 018 869	-7,11%	-9,83%	-6,67%	-9,82%	-12,02%
dynamisch x=1	1 030 076	1 048 113	1 061 228	1 075 493	1 088 930	-7,25%	-7,19%	-6,92%	-6,50%	-5,98%
dynamisch, x=0,5	1 043 636	1 057 294	1 069 859	1 082 364	1 093 733	-6,03%	-6,20%	-6,16%	-5,90%	-5,56%
dynamisch x=0,33	1 045 982	1 057 306	1 068 200	1 080 056	1 090 787	-5,82%	-6,20%	-6,31%	-6,10%	-5,81%
TIPP										
M = 2	1 030 394	1 049 581	1 068 902	1 088 450	1 108 252	-7,22%	-6,89%	-6,25%	-5,37%	-4,31%
M = 3	1 032 260	1 051 127	1 069 906	1 088 807	1 107 909	-7,06%	-6,75%	-6,16%	-5,34%	-4,34%
M = 4	1 032 385	1 050 986	1 069 316	1 087 590	1 105 947	-7,04%	-6,76%	-6,21%	-5,45%	-4,51%
M = 5	1 031 246	1 049 578	1 067 497	1 085 236	1 102 933	7,15%	-6,89%	-6,37%	-5,65%	-4,77%
M = 6	1 029 294	1 047 332	1 064 840	1 082 045	1 099 146	7,32%	-7,09%	-6,61%	5,93%	5,09%
M = 8	1 024 169	1 041 568	1 058 222	1 074 428	1 090 317	-7,78%	-7,60%	-7,19%	-6,59%	-5,86%
M = 10	1 018 782	1 035 274	1 051 184	1 066 501	1 081 305	-8,27%	-8,16%	-7,80%	-7,28%	-6,63%
tats. Vola x=1	1 032 223	1 022 418	1 011 181	1 050 721	1 039 569	7,06%	9,30%	11,31%	-8,65%	10,24%
tats. Vola x=0,5	1 026 242	1 068 903	1 055 932	1 040 893	1 086 989	7,60%	5,17%	7,39%	-9,51%	6,14%
tats. Vola x=0,33	1 071 787	1 055 037	1 105 077	1 087 269	1 068 687	3,50%	-6,40%	3,08%	-5,47%	7,72%
dynamisch, x=1	1 022 616	1 041 535	1 059 795	1 077 742	1 095 523	-7,92%	-7,60%	-7,05%	-6,30%	-5,41%
dynamisch x=0,5	1 016 637	1 033 824	1 050 407	1 066 360	1 081 735	-8,46%	-8,28%	-7,87%	-7,29%	-6,60%
dynamisch x=0,33	1 011 179	1 025 549	1 039 901	1 053 938	1 067 461	8,95%	9,02%	8,79%	8,37%	7,83%
Stop-Loss	1 085 037	1 107 271	1 122 355	1 136 895	1 150 849	2,30%	1,77%	1,56%	1,16%	0,63%
Modified Stop-Loss	1 090 619	1 100 460	1 105 729	1 115 910	1 131 480	-1,80%	-2,37%	-3,02%	-2,98%	-2,30%

	LPM(0) Zins 2%	LPM(0) Zins 4%	LPM(0) Zins 6%	LPM(0) Zins 8%	LPM(0) Zins 10%	LPM(1) Zins 2%	LPM(1) Zins 4%	LPM(1) Zins 6%	LPM(1) Zins 8%	LPM(1) Zins 10%	LPM(2) Zins 2%	LPM(2) Zins 4%	LPM(2) Zins 6%	LPM(2) Zins 8%	LPM(2) Zins 10%
Index			27,5%					3,8203%					0,7765%		
risikofreie Anlage	0%	0%	0%	0%	0%	0%	0%	0%	0%	0%	0%	0%	0%	0%	0%
Index mit Put (B/S)															
Vola 40% überschätzt	0%	0%	0%	0%	0%	0%	0%	0%	0%	0%	0%	0%	0%	0%	0%
Vola 20% überschätzt	0%	0%	0%	0%	0%	0%	0%	0%	0%	0%	0%	0%	0%	0%	0%
tats. Vola (Benchmark)	**0%**	**0%**	**0%**	**0%**	**0%**	**0%**	**0%**	**0%**	**0%**	**0%**	**0%**	**0%**	**0%**	**0%**	**0%**
Vola 20% unterschätzt	0%	0%	0%	0%	0%	0%	0%	0%	0%	0%	0%	0%	0%	0%	0%
Vola 40% unterschätzt	0%	0%	0%	0%	0%	0%	0%	0%	0%	0%	0%	0%	0%	0%	0%
B/S-Replikation															
Vola 40% überschätzt	52,6%	48,3%	43,8%	38,4%	29,2%	0,3901%	0,2849%	0,2130%	0,1529%	0,0906%	0,0033%	0,0021%	0,0015%	0,0009%	0,0005%
Vola 20% überschätzt	52,1%	48,6%	46,3%	44,4%	42,9%	1,1654%	1,0882%	1,0057%	0,9133%	0,8268%	0,0304%	0,0283%	0,0250%	0,0217%	0,0189%
tatsächliche Vola	50,8%	47,4%	45,8%	44,3%	42,3%	2,0173%	1,9138%	1,8177%	1,7279%	1,6470%	0,0948%	0,0894%	0,0842%	0,0792%	0,0746%
Vola 20% unterschätzt	49,4%	46,8%	44,4%	42,9%	42,5%	2,8665%	2,7705%	2,6803%	2,5686%	2,4473%	0,2018%	0,1968%	0,1909%	0,1802%	0,1684%
Vola 40% unterschätzt	47,9%	44,9%	43,9%	42,5%	41,5%	3,7813%	3,6414%	3,5038%	3,3607%	3,2115%	0,3721%	0,3584%	0,3417%	0,3221%	0,3008%
Leland-Replikation															
Vola 40% überschätzt	2,3%	0,6%	0%	0%	0%	0,0031%	0,0005%	0%	0%	0%	0,0000%	0,0000%	0%	0%	0%
Vola 20% überschätzt	51,2%	42,9%	30,0%	17,5%	5,1%	0,2284%	0,1246%	0,0593%	0,0302%	0,0094%	0,0012%	0,0005%	0,0002%	0,0001%	0,0000%
tatsächliche Vola	52,5%	48,7%	46,4%	44,4%	42,5%	0,9947%	0,9102%	0,8380%	0,7463%	0,6620%	0,0219%	0,0197%	0,0174%	0,0146%	0,0122%
Vola 20% unterschätzt	51,0%	47,5%	45,9%	44,2%	42,6%	1,8636%	1,7603%	1,6657%	1,5736%	1,4904%	0,0804%	0,0752%	0,0702%	0,0654%	0,0610%
Vola 40% unterschätzt	49,7%	47,1%	44,5%	43,1%	42,5%	2,7427%	2,6431%	2,5601%	2,4524%	2,3341%	0,1835%	0,1778%	0,1732%	0,1636%	0,1526%
Boyle/Vorst-Repl.															
Vola 40% überschätzt	1,2%	0,1%	0%	0%	0%	0,0015%	0,0000%	0%	0%	0%	0,0000%	0,0000%	0%	0%	0%
Vola 20% überschätzt	34,8%	12,5%	2,8%	0,7%	0,1%	0,0748%	0,0176%	0,0046%	0,0016%	0,0002%	0,0002%	0,0000%	0,0000%	0,0000%	0,0000%
tatsächliche Vola	52,6%	49,0%	46,4%	44,5%	42,3%	0,7811%	0,6842%	0,6247%	0,5359%	0,4545%	0,0134%	0,0112%	0,0098%	0,0077%	0,0059%
Vola 20% unterschätzt	51,4%	47,8%	46,2%	44,4%	42,7%	1,6428%	1,5462%	1,4536%	1,3617%	1,2733%	0,0617%	0,0577%	0,0530%	0,0486%	0,0444%
Vola 40% unterschätzt	50,2%	47,2%	44,9%	43,7%	42,2%	2,5349%	2,4351%	2,3411%	2,2571%	2,1440%	0,1546%	0,1491%	0,1436%	0,1376%	0,1280%
CPPI															
M = 2	0,0%	0,0%	0,0%	0,0%	0,0%	0%	0%	0%	0%	0%	0%	0%	0%	0%	0%
M = 3	0,0%	0,0%	0,0%	0,0%	0,0%	0%	0%	0%	0%	0%	0%	0%	0%	0%	0%
M = 4	0,0%	0,0%	0,0%	0,0%	0,0%	0%	0%	0%	0%	0%	0%	0%	0%	0%	0%
M = 5	0,0%	0,0%	0,0%	0,0%	0,0%	0%	0%	0%	0%	0%	0%	0%	0%	0%	0%
M = 6	0,0%	0,0%	0,0%	0,0%	0,0%	0%	0%	0%	0%	0%	0%	0%	0%	0%	0%
M = 8	0,0%	0,0%	0,0%	0,0%	0,0%	0%	0%	0%	0%	0%	0%	0%	0%	0%	0%
M = 10	0,0%	0,0%	0,0%	0,0%	0,0%	0%	0%	0%	0%	0%	0%	0%	0%	0%	0%
tats. Vola x=1	0,0%	0,0%	0,0%	0,0%	0,0%	0%	0%	0%	0%	0%	0%	0%	0%	0%	0%
tats. Vola x=0,5	0,0%	0,0%	0,0%	0,0%	0,0%	0%	0%	0%	0%	0%	0%	0%	0%	0%	0%
tats. Vola x=0,33	0,0%	0,0%	0,0%	0,0%	0,0%	0%	0%	0%	0%	0%	0%	0%	0%	0%	0%
dynamisch x=1	0,1%	0,0%	0,0%	0,0%	0,0%	0,0027%	0%	0%	0%	0%	0,0001%	0%	0%	0%	0%
dynamisch, x=0,5	0,0%	0,0%	0,0%	0,0%	0,0%	0%	0%	0%	0%	0%	0%	0%	0%	0%	0%
dynamisch x=0,33	0,6%	0,0%	0,0%	0,0%	0,0%	0,0021%	0%	0%	0%	0%	0,0000%	0%	0%	0%	0%
TIPP															
M = 2	0,0%	0,0%	0,0%	0,0%	0,0%	0%	0%	0%	0%	0%	0%	0%	0%	0%	0%
M = 3	0,0%	0,0%	0,0%	0,0%	0,0%	0%	0%	0%	0%	0%	0%	0%	0%	0%	0%
M = 4	0,0%	0,0%	0,0%	0,0%	0,0%	0%	0%	0%	0%	0%	0%	0%	0%	0%	0%
M = 5	0,0%	0,0%	0,0%	0,0%	0,0%	0%	0%	0%	0%	0%	0%	0%	0%	0%	0%
M = 6	0,0%	0,0%	0,0%	0,0%	0,0%	0%	0%	0%	0%	0%	0%	0%	0%	0%	0%
M = 8	0,0%	0,0%	0,0%	0,0%	0,0%	0%	0%	0%	0%	0%	0%	0%	0%	0%	0%
M = 10	0,0%	0,0%	0,0%	0,0%	0,0%	0%	0%	0%	0%	0%	0%	0%	0%	0%	0%
tats. Vola x=1	0,0%	0,0%	0,0%	0,0%	0,0%	0%	0%	0%	0%	0%	0%	0%	0%	0%	0%
tats. Vola x=0,5	0,0%	0,0%	0,0%	0,0%	0,0%	0%	0%	0%	0%	0%	0%	0%	0%	0%	0%
tats. Vola x=0,33	0,0%	0,0%	0,0%	0,0%	0,0%	0%	0%	0%	0%	0%	0%	0%	0%	0%	0%
dynamisch, x=1	0,0%	0,0%	0,0%	0,0%	0,0%	0%	0%	0%	0%	0%	0%	0%	0%	0%	0%
dynamisch x=0,5	0,0%	0,0%	0,0%	0,0%	0,0%	0%	0%	0%	0%	0%	0%	0%	0%	0%	0%
dynamisch x=0,33	0,3%	0,0%	0,0%	0,0%	0,0%	0,0015%	0%	0%	0%	0%	0,0000%	0%	0%	0%	0%
Stop-Loss	24,6%	24,9%	23,7%	23,7%	19,0%	0,17251%	0,16961%	0,14987%	0,16852%	0,12442%	0,00214%	0,00252%	0,00160%	0,00195%	0,00150%
Modified Stop-Loss	69,7%	63,3%	59,1%	57,0%	49,8%	0,64649%	0,53899%	0,52003%	0,53027%	0,42692%	0,00911%	0,00854%	0,00788%	0,00842%	0,00646%

Planungshorizont 1 Jahr (börsentägliche Anpassung, 250 Börsentage), Simulation über 1000 Jahre

Literaturverzeichnis

Albrecht, Peter / Maurer, Raimond / Stephan, Thomas G. (**Albrecht/Maurer/Stephan, 1995**):
Ertrag und Risiko rollierender Wertsicherungsstrategien mit Optionen, in: Die Bank, Ausgabe 4, 1995, S. 238-241

Aschinger, Gerhard (**Aschinger, 1993**):
Optionspreisbestimmung und Portfolio-Insurance, in: Wirtschaftswissenschaftliches Studium: WiSt, Heft 1, 1993

Auckenthaler, Christoph (**Auckenthaler, 1994**):
Theorie und Praxis des modernen Portfolio-Managements, 2., vollst. überarb. und ergänzte Auflage, Bern et al. 1994

Beilner, Thomas / Schoess, Stephan (**Beilner/Schoess, 1990**):
Der computerisierte Programmhandel, in: Die Bank, Ausgabe 12, 1990, S. 684-688

Benninga, Simon (**Benninga, 1990**):
Comparing Portfolio Insurance Strategies, in: Finanzmarkt und Portfolio Management, 4. Jahrgang, Nr. 1, 1990, S. 20-30

Benninga, Simon / Blume, Marshall (**Benninga/Blume, 1985**):
On the Optimality of Portfolio Insurance, in: The Journal of Finance, Vol. 40, No. 5, 1985, S. 1341-1352

Bird, Ron / Cunningham, Ross / Dennis, David / Tippett, Mark (**Bird/Cunningham/ Dennis/Tippett, 1990**):
Portfolio insurance: a simulation under different market conditions, in: Insurance: Mathematics and Economics, Vol. 9, 1990, S. 1-19

Bird, Ron / Dennis, David / Tippett, Mark (**Bird/Dennis/Tippett, 1988**):
A stop loss approach to portfolio insurance, in: The Journal of Portfolio Management, Fall 1988, S. 35-40

Black, Fischer (**Black, 1998**):
How to Use the Holes in Black-Scholes, in: Kolb, Robert W.: Practical readings in financial derivatives, Malden et al. 1998, S. 29-38

Black, Fischer / Jones, Robert (**Black/Jones, 1987**):
Simplifying portfolio insurance, in: The Journal of Portfolio Management, Fall 1987, S. 48-51

Black, Fischer / Jones, Robert **(Black/Jones, 1988)**:

Simplifying portfolio insurance for corporate pension plans, in: The Journal of Portfolio Management, Summer 1988, S. 33-37

Black, Fischer / Perold, André F. **(Black/Perold, 1992)**:

Theory of constant proportion portfolio insurance, in: Journal of Economic Dynamics and Control, No. 16, 1992, S. 403-426

Black, Fischer / Scholes, Myron **(Black/Scholes, 1973)**:

The Pricing of Options and Corporate Liabilities, in: Journal of Political Economy, Vol. 81, 1973, S. 637-653

Bleymüller, Josef / Gehlert, Günther / Gülicher, Herbert **(Bleymüller/Gehlert/Gülicher, 1994)**:

Statistik für Wirtschaftswissenschaftler, 9., überarb. Auflage, München 1994

Bookstaber, Richard **(Bookstaber, 1985)**:

The use of options in performance structuring, in: The Journal of Portfolio Management, Summer 1985, S. 36-50

Bookstaber, Richard / Langsam, Joseph A. **(Bookstaber/Langsam, 1988)**:

Portfolio Insurance Trading Rules, in: The Journal of Futures Markets, Vol. 8, No. 1, S. 15-31

Bossert, Thomas / Burzin, Christian **(Bossert/Burzin, 1998)**:

Dynamische Absicherung von Aktienportfolios – Constant Proportion Portfolio Insurance, in: Kleeberg, Jochen M. / Rehkugler, Heinz: Handbuch Portfoliomanagement, Bad Soden / Taunus 1998, S. 215-238

Boyle, Phelim P. / Vorst, Ton **(Boyle/Vorst, 1992)**:

Option Replication in Discrete Time with Transaction Costs, in: The Journal of Finance, Vol. 47, No. 1, 1992, S. 271-293

Braun, Thomas **(Braun, 1994)**:

Assessing Stop-Loss and Constant Proportion Portfolio Insurance: The impact of transaction costs, Diskussionsbeitrag Nr. 34, Wirtschaftswissenschaftliches Seminar, Universität Tübingen 1994

Braun, Thomas **(Braun, 1995)**:

Stop-Loss und Constant Proportion Portfolio Insurance im Vergleich, in: Zeitschrift für Betriebswirtschaft, 65. Jg., Heft 8, 1995, S. 857-884

Brennan, Michael J. / Schwartz, Eduardo S. **(Brennan/Schwartz, 1988)**:

Time-Invariant Portfolio Insurance Strategies, in: The Journal of Finance, Vol. 43, No. 2, 1988, S. 283-299

Brennan, Michael J. / Schwartz, Eduardo S. **(Brennan/Schwartz, 1989)**:

Portfolio Insurance and Financial Market Equilibrium, in: Journal of Business, Vol. 62, No. 4, 1989, S. 455-472

Brennan, Michael J. / Solanki, R. **(Brennan/Solanki, 1981)**:

Optimal Portfolio Insurance, in: Journal of Financial and Quantitative Analysis, Vol. 16, No. 3, September 1981, S. 279-300

Bühler, Wolfgang **(Bühler, 1995)**:

Portfolio-Insurance, in: Handwörterbuch des Bank- und Finanzwesens, 2., überarb. und erw. Aufl., Stuttgart 1995, S. 1526-1538

Choie, Kenneth S. / Novomestky, Frederick **(Choie/Novomestky, 1989)**:

Replication of long-term with short-term options, in: The Journal of Portfolio Management, Winter 1989, S. 17-19

Choie, Kenneth S. / Seff, Eric J. **(Choie/Seff, 1989)**:

TIPP: Insurance without complexity: Comment, in: The Journal of Portfolio Management, Fall 1989, S. 107-108

Clarke, Roger G. / Arnott, Robert D. **(Clarke/Arnott, 1987)**:

The Cost of Portfolio Insurance: Tradeoffs and Choices, in: Financial Analysts Journal, November-December 1987, S. 35-47

Cron, Axel **(Cron, 1997)**:

Robust Nonparametric Estimation and Prediction in ARCH-Related Models, Bonn 1997

DG BANK **(DG BANK, 1995)**:

CPPI – Constant Proportion Portfolio Insurance, Frankfurt/M. 1995

Dreher, William A. **(Dreher, 1988)**:

Does portfolio insurance ever make sense?, in: The Journal of Portfolio Management, Summer 1988, S. 25-32

Ebertz, Thomas / Schlenger, Christian **(Ebertz/Schlenger, 1995)**:

Absicherungsstrategie für institutionelle Portfolios, in: Die Bank, Ausgabe 5, 1995, S. 302-307

Edirisinghe, Chanaka / Naik, Vasanttilak / Uppal, Raman **(Edirisinghe/Naik/Uppal, 1993)**:
Optimal Replication of Options with Transactions Costs and Trading Restrictions, in: Journal of Financial and Quantitative Analysis, Vol. 28, No. 1, March 1993, S. 117-138

Elton, Edwin J. / Gruber, Martin J. **(Elton/Gruber, 1995)**:
Modern Portfolio Theory and Investment Analysis, 5th ed., New York 1995

Engle, Robert F. **(Engle, 1982)**:
Autoregressive Conditional Heteroscedasticity with Estimates of the Variance of United Kingdom Inflation, in: Econometrica, Vol. 50, No. 4, July 1982, S. 987-1007

Estep, Tony / Kritzman, Mark **(Estep/Kritzman, 1988)**:
TIPP: Insurance without complexity, in: The Journal of Portfolio Management, Summer 1988, S. 38-42

Etzioni, Ethan S. **(Etzioni, 1986)**:
Rebalance disciplines for portfolio insurance, in: The Journal of Portfolio Management, Fall 1986, S. 59-62

Fabozzi, Frank J. / Modigliani, Franco **(Fabozzi/Modigliani, 1992)**:
Capital Markets: Institutions and Instruments, New Jersey 1992

Fama, Eugene F. **(Fama, 1963)**:
Mandelbrot and the Stable Paretian Hypothesis, in: Journal of Business, Vol. 36, 1963, S. 420-429

Fama, Eugene F. **(Fama, 1991)**:
Efficient Capital Markets: II, in: The Journal of Finance, Vol. 46, No. 5, 1991, S. 1575-1617

Figlewski, Stephen / Chidambaran, N.K. / Kaplan, Scott **(Figlewski/Chidambaran/Kaplan, 1993)**:
Evaluationg the Performance of the Protective Put Strategy, in: Financial Analysts Journal, July-August 1993, S. 46-56

Frey, Rüdiger / Stremme, Alexander **(Frey/Stremme, 1993)**:
Portfolio Insurance and Volatility: On the Robustness of the Black-Scholes Option Pricing Model, Discussion Paper No. B-256, Universität Bonn 1993

Gerber, Beat **(Gerber, 1989)**:
Sinn und Zweck der elektronischen Börsen – Programm-Handel, Index-Arbitrage und Portefeuille-Absicherung: Ihre Wirkungen am 19. Oktober 1987, in: Hirszowicz, Christine:

Der Oktober-Crash 1987: Analysen, Lehren, Folgerungen für das Investment- und Trustbanking, Bern et al. 1989

Geyer, Alois / Hauer, Susanna **(Geyer/Hauer, 1991)**:

ARCH-Modelle zur Messung des Marktrisikos, in: Zeitschrift für betriebswirtschaftliche Forschung, Ausgabe 1, 1991, S. 65-74

Gibson, Rajna / Zimmermann, Heinz **(Gibson/Zimmermann, 1996)**:

The Benefits and Risks of Derivative Instruments: An Economic Perspective, in: Finanzmarkt und Portfolio Management, 10.Jg., Nr. 1, 1996, S. 12-44

Grossman, Sanford J. **(Grossman, 1988)**:

Insurance seen and unseen: The impact on markets, in: The Journal of Portfolio Management, Summer 1988, S. 5-8

Hessen, Robert **(Hessen, 1988)**:

Free Lunch, in: Eatwell, John / Milgate, Murray / Newman, Peter: The New Palgrave: A Dictionary of Economics, Volume II, London 1988, S. 421-421

Hill, Joanne M. / Jain, Anshuman / Wood, Jr., Robert A. **(Hill/Jain/Wood, 1988)**:

Insurance: Volatility risk and futures mispricing, in: The Journal of Portfolio Management, Winter 1988, S. 23-29

Hohmann, Ralf **(Hohmann, 1996)**:

Portfolio Insurance in Deutschland: Strategien gegen Aktienkursverluste, Wiesbaden 1996

Kingston, Geoffrey **(Kingston, 1988)**:

Theoretical Foundations of Constant-Proportion Portfolio Insurance, Working Paper No. 116, Department of Economics, University of Sydney 1988

Kolb, Robert W. **(Kolb, 1997)**:

Understanding Futures Markets, 5th Edition, Malden et al. 1997

Kraus, Thomas **(Kraus, 1997)**:

Die Rolle von OTC-Optionsmärkten bei dynamischen Hedgingstrategien, in: Finanzmarkt und Portfolio Management, 11. Jg., Nr. 4, 1997, S. 460-469

Kritzman, Mark **(Kritzman, 1986)**:

What's wrong with portfolio insurance?, in: The Journal of Portfolio Management, Fall 1986, S. 13-16

Kritzman, Mark **(Kritzman, 1993)**:

What Practitioners Need to Know ... About Monte Carlo Simulation, in: Financial Analysts Journal, November-December 1993, S. 17-20

Krugman, Paul R. / Obstfeld, Maurice **(Krugman/Obstfeld, 1997)**:

International Economics: Theory and Policy, 4th Ed., Reading et al. 1997

Kugler, Peter / Lenz, Carlos **(Kugler/Lenz, 1990)**:

Sind Wechselkursfluktuationen zufällig oder chaotisch?, in: Schweizerische Zeitschrift für Volkswirtschaft und Statistik, Heft 2, 1990, S. 113-127

Leland, Hayne E. **(Leland, 1980)**:

Who Should Buy Portfolio Insurance?, in: The Journal of Finance, Vol. 35, No. 2, 1980, S. 581-594

Leland, Hayne E. **(Leland, 1985)**:

Option Pricing and Replication with Transactions Costs, in: The Journal of Finance, Vol. 40, No. 5, 1985, S. 1283-1301

Leland, Hayne E. **(Leland, 1992)**:

Portfolio Insurance, in: Eatwell, John / Milgate, Murray / Newman, Peter: The New Palgrave Dictionary of Money and Finance, Vol. III, London 1992, S. 154-156

Malkiel, Burton G. **(Malkiel, 1988)**:

The Brady Commission report: A critique, in: The Journal of Portfolio Management, Summer 1988, S. 9-13

Mandelbrot, Benoit **(Mandelbrot, 1963)**:

The Variation of Certain Speculative Prices, in: Journal of Business, Vol. 36, 1963, S. 394-419

Markowitz, Harry **(Markowitz, 1952)**:

Portfolio Selection, in: The Journal of Finance, Vol. 7, No. 1, 1952, S. 77-91

Marmer, Harry S. / Ng, F.K. Louis **(Marmer/Ng, 1993)**:

Mean-Semivariance Analysis of Option-Based Strategies: A Total Asset Mix Perspective, in: Financial Analysts Journal, May-June 1993, S. 47-54

Marshall, William J. **(Marshall, 1987)**:

Portfolio Insurance: Limiting the Exposure of Actively Managed Pension Funds under

Statement of Financial Accounting Standards No. 87, in: Fabozzi, Frank J. / Garlicki, T. Dessa: Advances in Bond Analysis & Portfolio Strategies, Chicago 1987, S. 115-137

Matthes, Rainer / Klein, Matthias **(Matthes/Klein, 1996)**:

Neue Risikokonzepte im Asset Management, in: Zeitschrift für das gesamte Kreditwesen, Ausgabe 15 / 1996, S. 742-747

Merton, Robert C. **(Merton, 1971)**:

Optimum Consumption and Portfolio Rules in a Continuous-Time Model, in: Journal of Economic Theory, Vol. 3, 1971, S. 373-413

O'Brien, Thomas J. **(O'Brien, 1998)**:

The Mechanics of Portfolio Insurance: It works... at least in theory, in: Kolb, Robert W.: Practical readings in financial derivatives, Malden et al. 1998, S. 231-244

Osborne, M.F.M. **(Osborne, 1959)**:

Brownian Motion in the Stock Market, in: Operations Research, March-April 1959, S. 145-173

Perold, André F. / Sharpe, William F. **(Perold/Sharpe, 1995)**:

Dynamic Strategies for Asset Allocation, in: Financial Analysts Journal, January-February 1995, S. 149-160

Perridon, Louis / Steiner, Manfred **(Perridon/Steiner, 1995)**:

Finanzwirtschaft der Unternehmung, 8. überarb. Aufl., München 1995

Poddig, Thorsten **(Poddig, 1996)**:

Analyse und Prognose von Finanzmärkten, Bad Soden/Taunus 1996

Poschadel, Burkhard / Beer, Urs **(Poschadel/Beer, 1994)**:

Portfolio-Insurance: Ausgewählte Konzepte der statischen und dynamischen Vermögensversicherung, in: Österreichisches Bankarchiv, Ausgabe 6 / 1994, S. 454-461

Radcliffe, Robert C. **(Radcliffe, 1997)**:

Investment: Concepts, Analysis, Strategy, 5th ed., Reading et al. 1997

Rubinstein, Mark **(Rubinstein, 1998)**:

Alternative Paths to Portfolio Insurance, in: Kolb, Robert W.: Practical readings in financial derivatives, Malden et al. 1998, S. 245-258

Rubinstein, Mark / Leland, Hayne E. **(Rubinstein/Leland, 1995)**:

Replicating Options with Positions in Stock and Cash, in: Financial Analysts Journal, January-February 1995, S. 113-121

Rudolf, Markus **(Rudolf, 1994)**:

Algorithms for Portfolio Optimization and Portfolio Insurance, Bern et al. 1994

Schalow, David L. **(Schalow, 1996)**:

Setting Stops with Standard Deviations, in: The Journal of Portfolio Management, Summer 1996, S. 58-61

Schiereck, Dirk / Weber, Martin **(Schiereck/Weber, 1995)**:

Zyklische und antizyklische Handelsstrategien am deutschen Aktienmarkt, in: Zeitschrift für betriebswirtschaftliche Forschung, 47. Jg., Nr. 1, 1995, S. 3-24

Schmidt-von Rhein, Andreas **(Schmidt-von Rhein, 1996)**:

Die Moderne Portfoliotheorie im praktischen Wertpapiermanagement, Bad Soden/Taunus 1996

Seppelfricke, Peter **(Seppelfricke, 1996)**:

Investitionen unter Unsicherheit: Eine theoretische und empirische Untersuchung für die Bundesrepublik Deutschland, Frankfurt/Main 1996

Singleton, J. Clay / Grieves, Robin **(Singleton/Grieves, 1984)**:

Synthetic Puts and Portfolio Insurance Strategies, in: The Journal of Portfolio Management, Spring 1984, S. 63-69

Steiner, Manfred / Bruns, Christoph **(Steiner/Bruns, 1996)**:

Wertpapiermanagement, 5., überarb. und erw. Auflage, Stuttgart 1996

Stoll, Hans R. **(Stoll, 1969)**:

The relationship between put and call option prices, in: The Journal of Finance, Vol. 24, No. 5, 1969, S. 801-824

Stoll, Hans R. **(Stoll, 1988)**:

Portfolio trading, in: The Journal of Portfolio Management, Summer 1988, S. 20-24

Zhu, Yu / Kavee, Robert C. **(Zhu/Kavee, 1988)**:

Performance of portfolio insurance strategies, in: The Journal of Portfolio Management, Spring 1988, S. 48-54

Zimmermann, Peter **(Zimmermann, 1997)**:

Schätzung und Prognose von Betawerten: Eine Untersuchung am deutschen Aktienmarkt, Bad Soden/Taunus 1997

Zou, Liang **(Zou, 1997)**:

Investments with Downside Insurance and the Issue of Time Diversification, in: Financial Analysts Journal, July-August 1997, S. 73-79